하루하루 세계를 빛낸 100명의 위인들

고대 그리스 로마 시대부터 AI를 이용하는 오늘날까지,
춘추 전국의 사상가부터 유튜브 채널로 팬들과 만나는 아티스트까지,
동서고금을 가로지르며 우리에게 귀감이 되는 위인은 많고도 많습니다.

**하지만 역사의 흐름이나 앞뒤 시대 배경을 제시하지 않은 채
단순한 사건을 기록하듯 나열에 그치는 콘텐츠들은 아쉬움이 컸습니다.
퍼즐을 맞추고 나니 모나리자인 것은 알겠지만 아뿔싸!
군데군데 중요한 조각을 잃어버려 불완전한 모습처럼 느껴졌습니다.**

위인의 생애와 업적을 흥미롭게 읽으면서,
꼭 알아야 할 세계사의 맥락과 배경지식도 접할 수는 없을까?
인물이 활동한 시대별, 나라별, 분야별 생생한 이야기까지
어떻게 하면 더 재미있게 기억할 수 있을까?

**〈하루하루 세계를 빛낸 100명의 위인들〉은
이러한 목마름에 속 시원한 콘텐츠를 제공하고자
콘셉트 기획부터 위인 검토 및 선별,
교과서 속 낱말 뜻풀이, 퀴즈 하나까지 어린이들의 시선에서 최대한 부담 없이,
재미있게 읽어 내려갈 수 있도록 구성했습니다.**

인물명, 시대, 국적, 직업까지 귀여운 그림과 한 묶음으로 훑으며
나도 모르게 배경지식을 쌓고, 대화가 살아 있는 인물 이야기를 읽어 보세요.
알쏭달쏭한 낱말들은 어휘 코너의 뜻풀이를 참고하며 어휘력과 문해력의 토대를 다져 나갑니다.
인물의 생애와 업적에 녹아 있는 주요 사건들, 확장된 지식 정보까지 내 것으로 만들고,
위인별 퀴즈로 이야기를 집중해서 읽었는지, 중요한 내용을 기억하는지까지 점검해 보세요.

**세계 역사 속 본받을 위인부터, 최신 교육 과정에 강조된 인권, 생태 등
보편적 가치관에 따라 오늘날 위인까지 담았습니다.**

어린이들이 세계 역사에 살아 숨 쉬는 위인들을 흥미롭게 접하고,
즐거운 마음으로 지식과 교훈을 품는 데 도움이 되길 소망합니다.

[유튜브 영상]
QR 코드를 스캔하면 위인의 이야기를 영상으로 만날 수 있어요.

[위인 소개]
위인의 이름과 대표적인 업적, 특징을 짚으며 이야기를 시작해요.

[인물 이야기]
위인의 삶과 업적을 생생한 스토리와 일러스트로 만나 보세요.

#여든두 번째 위인

뛰어난 과학자이자 평화 운동가이기도 했던
아인슈타인

상대성 이론과 광양자설 등 물리학 연구로 노벨상을 받은 아인슈타인이기에, 어렸을 때부터 천재적이고 뛰어났을 것 같지만 오히려 반대였답니다. 말이 느렸고, 학교에서 낙제를 받기도 했습니다. 대학에 가서도 혼자 책을 읽거나 생각에 빠져 수업에 빠지는 날이 많았지요. 하지만 알고 보니 [1]**잡념**이 아닌 [2]**사고 실험**에 몰두하고 있었던 거였어요. 졸업 후 [3]**특허청**에서 일하면서도 아인슈타인은 머릿속으로 계속 실험과 수정을 반복하여 특수 상대성 이론을 발표했으니까요.

독일에 [4]**나치** 정권이 들어서자 아인슈타인은 탄압을 피해 미국으로 가서 연구를 계속했습니다. 자신의 이론으로 [5]**원자 폭탄**을 만들려는 독일을 막기 위해 미국 대통령에게 도움을 요청했지만, 되려 미국은 먼저 원자 폭탄을 만들어 일본에 떨어뜨렸지요.

아인슈타인은 무척 속상해하며 이후로 핵무기 폐기 등 평화 운동에 앞장섰습니다.

위인 아인슈타인　　**시대** 현대
나라 독일　　**출생~사망** 1879~1955년　　**직업** 과학자

180

하루하루
세계를 빛낸 100명의 위인들

● [잠깐! 더 알고 가기]
[인물 이야기] 속 시대상 및 위인과 관련된 연계 정보를 알려 드립니다.
세계사를 비롯한 다양한 분야의 배경지식을 자연스럽게 쌓아요.

잠깐! 더 알고 가기

+ **1945년 8월**
미국은 일본의 히로시마와 나가사키에 원자 폭탄을 투하했습니다. 이로 인해 일본은 항복을 선언했고, 제2차 세계 대전이 끝났으며, 우리나라가 일본 제국주의의 강제 점령에서 벗어나 해방을 맞았습니다.

교과서 속 오늘의 낱말

1 **잡념** 여러 가지 잡스러운 생각을 말합니다.
2 **사고 실험** 실행 가능성이나 입증 가능성에 구애받지 않고, 생각으로만 이루어지는 실험을 가리켜요.
3 **특허청** 특허, 실용신안 등에 대한 일을 하며 심사, 심판도 하는 행정 기관입니다.
4 **나치** 히틀러를 우두머리로 한 독일의 독재 정당입니다. 제2차 세계 대전을 일으켰으나 1945년에 패하며 몰락했습니다.
5 **원자 폭탄** 원자핵이 분열할 때 생기는 에너지를 이용한 폭탄이에요.

● [교과서 속 오늘의 낱말]
[인물 이야기] 속 초등 교과 분야를 원활하게 학습하는 데 꼭 필요한 어휘 위주로 뜻풀이를 제공합니다.

퀴즈! 꼭 알고 가기 아인슈타인

1. 다음 중 아인슈타인의 생애와 업적에 대해 틀린 설명을 고르세요.
   ① 상대성 이론 등 물리학 연구로 노벨상을 받았어요.
   ② 나치를 피해 미국으로 갔어요.
   ③ 전쟁에서 이기려고 원자 폭탄을 만들어 사용했어요.
   ④ 평화 운동에도 힘썼어요.

2. 다음 문장에 어울리는 오늘의 낱말을 적으세요.
   새벽에 깨면 이런저런 _____ 에 빠져 다시 잠이 잘 오지 않는다.

● [퀴즈! 꼭 알고 가기]
각 위인과 관련하여 꼭 알아야 할 지식과 교훈을 퀴즈로 짚고 넘어갑니다.
[인물 이야기]를 집중해서 읽었는지 되새기고 스스로 점검해 보세요.

 p. 222

● [정답]
퀴즈의 답이 맞는지 살펴보고, 잘 몰랐거나 알쏭달쏭한 문제가 있다면
[인물 이야기], [더 알고 가기], [오늘의 낱말]을 다시 한번 읽고 풀어 보세요.

차례

고대

1. 유레카! 생각하고 또 생각하여 문제를 해결한 **아르키메데스** — 10
2. 그리스, 페르시아, 인도에 이르는 제국을 건설한 **알렉산드로스 대왕** — 12
3. 깨달음을 얻어 불교를 창시한 **석가모니** — 14
4. 어진 정치를 주장한 **공자** — 16
5. 사람은 모두 착하게 태어났다고 주장한 **맹자** — 18
6. 자연 그대로의 삶을 추구한 **노자와 장자** — 20
7. 중국을 통일하고 강력하게 다스린 **진시황** — 22
8. 너 자신을 알라고 한 **소크라테스** — 24
9. 변하지 않는 이데아를 탐구한 **플라톤** — 26
10. 고대 그리스 최고의 사상가 **아리스토텔레스** — 28
11. 백성을 위한 개혁을 펼쳤으나, 독재의 끝은 좋지 않았던 **카이사르** — 30
12. 네 이웃을 사랑하라고 가르친 **예수 그리스도** — 32
13. 종이를 발명한 **채륜** — 34
14. 로마의 황제이자 학자로서도 업적을 남긴 **마르쿠스 아우렐리우스** — 36
15. 기독교를 로마의 국교로 선포한 **콘스탄티누스 대제** — 38
16. 동로마 제국을 발전시킨 **유스티니아누스 1세** — 40
17. 이슬람교를 창시한 **마호메트** — 42
18. 당나라를 세우고 살기 좋은 나라로 만든 **당태종** — 44
19. 중국 역사상 유일한 여성 황제 **측천무후** — 46
20. 게르만족을 통합하고 서유럽의 기초를 닦은 **카롤루스 대제** — 48

중세

21. 유능한 정치가이자 문장가로 이름 높은 **왕안석** — 52
22. 수없이 죽을 고비를 넘기며 세계 최대의 제국을 세운 **칭기즈 칸** — 54
23. 논리적으로 신의 존재를 증명하고자 했던 **토마스 아퀴나스** — 56

24	유럽에 처음으로 동양을 소개한 **마르코 폴로**	58
25	원나라를 멸망시키고 명나라를 세운 홍무제 **주원장**	60
26	백 년 전쟁을 승리로 이끈 프랑스의 소녀 전사 **잔 다르크**	62
27	인도를 향한 항해 끝에 아메리카 대륙에 도착한 **콜럼버스**	64
28	르네상스를 대표하는 천재 **레오나르도 다빈치**	66
29	조각, 벽화, 건축을 오가며 최고의 작품을 만든 **미켈란젤로**	68
30	태평양을 건너 세계 일주를 완성한 **마젤란**	70
31	종교 개혁을 주장하며 개신교의 한 갈래를 창설한 **마르틴 루터**	72
32	오스만 제국의 전성기를 이룩한 **술레이만 1세**	74
33	스페인 최대의 황금시대를 이룬 **펠리페 2세**	76
34	대영 제국의 기틀을 마련한 **엘리자베스 1세**	78
35	중국에 서양 과학과 천주교를 전파한 **마테오 리치**	80
36	영문학 역사상 가장 위대한 작가 **셰익스피어**	82
37	그래도 지구는 돈다! **갈릴레이**	84
38	평화를 위해서는 강한 힘이 필요하다고 주장한 **홉스**	86
39	무굴 제국의 발전을 이끈 **샤자한**	88
40	절대 왕권을 누린 태양왕 **루이 14세**	90

근세

41	궁금한 건 끝까지 파고들던 **뉴턴**	94
42	백성들을 감동시킨 통치자 **강희제**	96
43	과감한 개혁 정책으로 러시아의 근대화를 이끈 **표트르 대제**	98
44	서양 음악의 아버지 **바흐**	100
45	폭력에 맞서 자유를 주장한 투사 **볼테르**	102
46	평등을 주장한 계몽주의 사상가 **루소**	104
47	경제학의 아버지로 불리는 **애덤 스미스**	106
48	미국의 첫 대통령 **조지 워싱턴**	108

차례

근대

49	증기 기관을 완성하여 산업 혁명 시대를 연 **제임스 와트**	112
50	재능과 열정이 넘쳤던 문학가 **괴테**	114
51	고전파 음악을 확립한 **모차르트**	116
52	불가능이란 없다고 믿은 **나폴레옹**	118
53	음악으로 모든 고난을 이겨 낸 **베토벤**	120
54	시와 음악의 아름다움을 가곡으로 표현한 **슈베르트**	122
55	따뜻한 시선으로 사람들을 바라본 **빅토르 위고**	124
56	빛나는 상상력으로 아름다운 동화를 지은 **안데르센**	126
57	국민의, 국민에 의한, 국민을 위한 정부를 꿈꾼 **링컨**	128
58	생명은 지금도 변화하며 발전하고 있음을 밝힌 **다윈**	130
59	피아노의 시인 **쇼팽**	132
60	강력한 힘으로 독일 통일을 이룬 **비스마르크**	134
61	고통받는 약자의 편에서 글을 쓴 **톨스토이**	136
62	가진 자도, 못 가진 자도 어떻게 하면 모두가 잘살지 고민한 **마르크스**	138
63	톨스토이와 함께 19세기 러시아 문학의 거장으로 꼽히는 **도스토옙스키**	140
64	인류의 건강에 크게 이바지한 **파스퇴르**	142
65	다이너마이트를 발명했으며 노벨상을 만든 **노벨**	144
66	철강왕에서 기부왕까지, 사회사업가 **카네기**	146
67	빛을 담은 화가 **모네**	148
68	발레 음악의 대가로 꼽히는 **차이콥스키**	150
69	최초의 자동차를 만든 **카를 벤츠**	152
70	1퍼센트를 100퍼센트로 만든 노력파 발명왕 **에디슨**	154
71	건축 예술에 모든 것을 바친 **가우디**	156
72	강렬한 색채의 화가 **고흐**	158

현대

73	정신 분석학의 창시자 **프로이트**	162
74	아시아 최초의 공화국을 세운 **쑨원**	164
75	노벨상을 두 번이나 받은 과학자 **마리 퀴리**	166
76	비폭력 독립운동을 펼친 **간디**	168
77	사회주의 혁명을 성공시키고 소련의 지도자가 된 **레닌**	170
78	일본 근대 소설을 개척한 여성 소설가 **히구치 이치요**	172
79	영국 총리를 두 번이나 지내며 세계 대전을 치른 **처칠**	174
80	우리에게 인류애를 전해 주는 **슈바이처**	176
81	매독균을 발견하여 세계적인 명성을 얻은 **노구치 히데요**	178
82	뛰어난 과학자이자 평화 운동가이기도 했던 **아인슈타인**	180
83	보지도 듣지도 말하지도 못했지만, 다른 사람들을 돕는 데 힘쓴 **헬렌 켈러**	182
84	튀르키예 건국의 아버지로 존경받는 **케말 파샤**	184
85	입체주의를 창시하며 미술의 흐름을 바꿔 놓은 **피카소**	186
86	베트남의 독립을 이끈 민족 운동 지도자 **호찌민**	188
87	레지스탕스 지도자로, 임시 정부를 거쳐 대통령이 된 **드골**	190
88	민주주의 국가에서 대통령을 네 번이나 역임한 **루스벨트**	192
89	중국의 개혁개방을 추진한 **덩샤오핑**	194
90	자유와 평등을 위해 일생 동안 포기하지 않은 **만델라**	196
91	이상적인 사회를 위해, 혁명에 모든 것을 바친 **체 게바라**	198
92	모두가 미술을 즐기길 바랐던 **앤디 워홀**	200
93	가스실을 피해 숨어 살며 하루하루 자신의 삶을 일기로 남긴 **안네 프랑크**	202
94	인종 차별 없는 세상을 꿈꾼 **마틴 루터 킹**	204
95	세계 최초의 우주 비행사 **유리 가가린**	206
96	최초로 달에 간 우주 비행사 **닐 암스트롱**	208
97	침팬지 연구의 세계적인 권위자 **제인 구달**	210
98	많은 사람들에게 쉽게 천문학을 알리고자 한 **칼 세이건**	212
99	남다른 상상력을 펼쳐 보인 영화감독 **스티븐 스필버그**	214
100	혁신의 상징으로 꼽히는 애플의 창업자 **스티브 잡스**	216

정답	218
찾아보기	223

#고대

 카이사르
 예수 그리스도
 채륜
 마르쿠스 아우렐리우스
 콘스탄티누스 대제
 유스티니아누스 1세
 마호메트
 당태종
 측천무후
 카롤루스 대제

#첫 번째 위인

유레카! 생각하고 또 생각하여 문제를 해결한
아르키메데스

"감히 내 왕관에 은을 섞은 놈이 있다? 아르키메데스라면 그 말이 사실인지 ¹**가려낼** 수 있을 것이야." 시라쿠사 왕 히에론의 명령을 받은 아르키메데스는 고민에 빠졌습니다. 왕관을 깨거나 녹여 볼 수도 없고, 왕의 명령에 못하겠다고 할 수도 없었으니까요. 길을 걸으면서, 식사를 하면서, 잠자리에 누워서도 생각하고 또 생각했어요.

몇 날 며칠을 끙끙 앓던 아르키메데스는 잠시 따뜻한 물에 목욕을 하면서 머리를 식히기로 했습니다. 목욕물에 몸을 담근 채, 탕 밖으로 흘러넘치는 물을 바라보며 아르키메데스는 또다시 ²**골똘히** 고민에 잠겼어요.

'도대체 왕관이 순금인지, 은이 섞였는지 어떻게 밝힌다……?'

바로 그때였습니다.

"유레카!"

헬라어로 "알았다!"라고 외치며 아르키메데스는 옷도 걸치지 않은 채 뛰쳐나가 기쁨의 ³**환호성**을 질렀어요. 자기 몸의 ⁴**부피**만큼 흘러넘친 물에서 단서를 얻은 거예요. 바로 '아르키메데스의 원리'에 따라서요!

위인 아르키메데스　　**시대** 고대
나라 그리스　　**출생~사망** 기원전 287년경~기원전 212년　　**직업** 과학자

잠깐! 더 알고 가기

+ 헬라어

기원전 4세기 무렵부터 로마 제국이 붕괴할 때까지 쓰인 고대 그리스어예요. '코이네 그리스어', '희랍어'라고도 합니다.

+ 아르키메데스의 원리

물체는 차지하고 있는 부피만큼의 부력을 받는다는 법칙이에요. 아르키메데스는 한쪽에는 왕관을, 다른 한쪽에는 왕관의 무게와 똑같은 순금 덩어리를 물속에 담가 보았어요. 실험 결과 왕관을 넣은 쪽의 물이 더 많이 넘쳤습니다. 따라서 왕관이 순금이 아님을 판단할 수 있었습니다.

교과서 속 오늘의 낱말

1 가려내다 여럿 가운데서 일정한 것을 골라내다, 진리나 가치 등을 밝혀낸다는 의미예요.

2 골똘히 한 가지 일에 온 정신을 쏟아 딴생각이 없는 모습을 말해요.

3 환호성 기뻐서 크게 부르짖는 소리입니다.

4 부피 넓이와 높이를 가진 것이 차지하는 크기, 입체가 차지하는 공간의 크기를 가리킵니다.

 꼭 알고 가기 **아르키메데스**

1. 다음 중 문제가 생겼을 때 아르키메데스처럼 생각할 줄 아는 친구는 누구인가요?

   ① 생각하는 건 골치 아파. 그냥 모른다고 할래.
   ② 어떻게든 되겠지. 어차피 답이 없어.
   ③ 끈질기게 생각하고 고민하면 좋은 생각이 떠오를 거야.
   ④ 대충 넘어가자. 다들 그러는데 뭐.

2. 다음 문장에 어울리는 오늘의 낱말을 적으세요.

   우리나라 선수가 골을 넣자, 관중들의 _____ 이 울려 퍼졌어요.

정답 p. 218

#두 번째 위인

그리스, 페르시아, 인도에 이르는 제국을 건설한
알렉산드로스 대왕

알렉산드로스는 마케도니아 왕 필리포스 2세의 아들로 태어났습니다. 그리스 학자 아리스토텔레스를 스승으로 모시고 학문을 배우며 똑똑하게 자랐어요. 멀리 전쟁을 가서도 책을 읽었고, 학자들을 데리고 다니며 여러 지역을 탐험하고 ¹측량했지요.

마케도니아는 그리스 북쪽에 위치한 나라로, 필리포스 2세는 기원전 4세기에 그리스를 정복하고 페르시아까지도 정복하고 싶어 했지요. 하지만 전투에 나서기 전 ²암살되었고, 아들인 알렉산드로스가 왕이 되었습니다.

³원정에 나선 알렉산드로스는 이소스 전투에서 페르시아군을 격파하고, 페니키아와 이집트까지 점령했습니다. 좋지 않은 날씨와 전염병 때문에 되돌아왔지만, 멀리 인도의 인더스강까지 이르렀어요.

대제국을 세운 알렉산드로스는 페르시아의 공주와 결혼하고, 정복한 지역의 사람들을 마케도니아의 군대에 받아들이는 등 ⁴융화 정책을 폈습니다. 그리스 문화와 서아시아의 문화가 합쳐져 새로운 헬레니즘 문화가 나타나게 된 것도 이 시기입니다.

위인 알렉산드로스 대왕　**시대** 고대
나라 마케도니아　**출생~사망** 기원전 356~기원전 323년　**직업** 왕

잠깐! 더 알고 가기

+ **이소스 전투**

'이소스'는 소아시아 즉, 아시아의 서쪽 끝 반도의 해안 지방에 있던 옛 도시예요. 기원전 333년, 이소스 전투에서 알렉산드로스 대왕은 페르시아군을 무찔렀어요.

+ **헬레니즘**

그리스와 서아시아의 문화가 서로 영향을 주고받으며 생긴 현상이에요. 세계 시민주의, 개인주의가 나타났고, 과학이 발달했어요.

+ **헤브라이즘**

유대교와 기독교의 전통을 이르는 말로, 헬레니즘과 함께 유럽 사상, 문화의 2대 바탕으로 여겨집니다.

교과서 속 오늘의 낱말

1 **측량하다** 높이, 깊이, 넓이, 방향, 거리 등을 잰다는 의미입니다.

2 **암살되다** 몰래 죽임을 당한다는 뜻이에요.

3 **원정** 먼 곳으로 싸우러 나감을 가리킵니다.

4 **융화** 서로 어울려 갈등 없이 화목하게 되는 거예요.

퀴즈! 꼭 알고 가기 알렉산드로스 대왕

1. 다음 중 알렉산드로스 대왕의 생애와 거리가 <u>먼</u> 내용을 고르세요.

   ① 필리포스 2세의 뒤를 이어 마케도니아의 왕이 되었습니다.
   ② 정복한 지역의 사람들을 억압하고, 그리스 문화를 강요했어요.
   ③ 아리스토텔레스에게 학문을 배웠어요.
   ④ 융화 정책을 펼쳐 헬레니즘 문화가 발달했어요.

2. 다음 문장에 어울리는 오늘의 낱말을 적으세요.

   친구와 생각이 달라 답답할 땐, 먼저 한 발짝 양보해 　　　　　 하려는 마음을 가져 보자.

정답 p. 218

깨달음을 얻어 불교를 창시한
석가모니

　서양 문화의 바탕에 기독교가 있다면, 동양 문화는 불교의 영향을 빼고 이야기할 수 없어요.

　불교를 창시한 고타마 싯다르타는 기원전 6세기, 지금의 인도와 ¹**국경**을 이루는 네팔 남부의 룸비니 왕자로 태어났습니다. 높은 ²**신분**으로 내내 대접받으며 일생을 살 수도 있었지만, 싯다르타는 궁궐 밖 세상일에 관심이 많았습니다.

　'왜 모든 사람은 늙고 병들어 죽을 수밖에 없는 걸까? 어떻게 하면 이런 고통 없이 편안해질 수 있을까?'

　모든 괴로움에서 벗어날 방법을 알고 싶었던 싯다르타는 숲속으로 들어갔어요. 식사는 몇 톨의 곡식으로 간신히 하고, 비바람이 몰아쳐도 ³**고행**을 멈추지 않았어요. ⁴**보리수** 아래에서 깊은 명상 끝에, 싯다르타는 드디어 깨달음을 얻었어요.

　이후 싯다르타는 많은 사람들에게 ⁵**자비**를 실천하라는 가르침을 전하며 불교의 창시자가 되었고, '깨달은 자'라는 뜻의 부처라 불리며 훗날 '석가모니'라는 호칭을 받았습니다.

위인 석가모니　　**시대** 고대
나라 네팔　　**출생~사망** 기원전 624~기원전 544년　　**직업** 성인

잠깐! 더 알고 가기

+ **기독교**

    예수 그리스도의 인격과 교훈을 중심으로 하는 종교입니다. 그리스 정교회, 천주교, 개신교로 나뉘어요.

+ **4대 성인**

    지혜와 덕이 매우 뛰어나 길이 본받을 만한 사람을 성인이라고 해요. 세계적인 네 명의 성인으로 예수, 석가모니, 공자, 소크라테스를 꼽는데, 소크라테스 대신에 마호메트를 넣기도 합니다.

교과서 속 오늘의 낱말

1 **국경**　나라와 나라의 영역을 가르는 경계를 가리킵니다.

2 **신분**　사회적인 위치나 계급을 의미해요.

3 **고행**　몸으로 견디기 어려운 일들을 통해 수행하는 거예요.

4 **보리수**　석가모니가 그 아래에서 진리를 깨달아 불교의 가르침을 이루어 냈다고 하는 나무입니다.

5 **자비**　다른 사람을 사랑하고 가엾이 여기는 마음입니다.

 꼭 알고 가기 **석가모니**

1. 다음 중 불교의 가르침과 거리가 먼 내용을 고르세요.

    ① 한 번 사는 인생, 최대한 누려야 한다는 가르침

    ② 다른 사람을 사랑하라는 가르침

    ③ 자비를 실천하라는 가르침

    ④ 나 아닌 사람들을 가엾이 여기라는 가르침

2. 다음 문장에 어울리는 오늘의 낱말을 적으세요.

    압록강은 우리나라와 중국과의 　　　　　 을 이루는 강입니다.

정답 p. 218

#네 번째 위인

어진 정치를 주장한
공자

중국 주나라가 유목 민족의 공격을 받아 동쪽으로 도읍을 옮긴 기원전 770년부터 기원전 403년까지, 약 360년간을 춘추 시대라고 해요. 주나라 왕실의 힘이 떨어지자, 제후들은 세력을 다투며 싸우기 시작했고, ¹제후국 왕들의 고민도 깊어졌지요.

'나라를 안정적으로 다스릴 수 있는 방법은 무엇일까?'

춘추 시대에 이어지는 전국 시대까지 '제자백가'라 불리는 여러 ²학파와 많은 사상가들이 나타나 활약했고, 그중 ³유가의 대표가 공자였어요. 노나라에서 태어난 공자는 어려운 형편을 딛고 열심히 공부해 관리가 되고 학문을 닦은 인물이었습니다. 소문을 들은 많은 제자들이 공자를 따르며 배움을 청했지요.

공자는 여러 나라를 두루 돌아다니며 '인(仁, 어질 인)' 즉, 어진 정치를 주장했고, 나라를 다스리는 ⁴기반은 도덕에 있어야 한다고 강조했습니다.

벼슬에서 물러난 후에도 고향으로 돌아와 3,000여 명의 제자를 길러 내고, 중국 고전을 정리하는 등 활발히 활동했답니다.

위인 공자
나라 노나라
시대 춘추 시대
출생~사망 기원전 551~기원전 479년
직업 사상가

잠깐! 더 알고 가기

+ **제자백가**

춘추 전국 시대의 여러 학파를 뜻합니다. 도덕을 강조한 공자와 맹자의 유가, 자연 그대로를 따르라고 한 노자와 장자의 도가, 법에 따라 엄하게 통치할 것을 주장한 한비자의 법가, 모두를 사랑하며 평화로운 삶을 꿈꾼 묵가 등이 있습니다.

+ **진나라**

춘추 전국 시대 최후의 승리는 결국 진나라가 차지했어요. 법가의 사상에 따라 힘을 키워 중국을 통일한 지도자가 바로 진시황이지요.

교과서 속 오늘의 낱말

1 **제후국** 왕에게서 땅을 받은 제후가 그 땅의 백성을 다스리는 나라를 뜻합니다.

2 **학파** 학문에서 주장을 달리하는 갈래를 의미해요.

3 **유가** 공자의 학설과 학풍을 받드는 학자나 학파를 가리킵니다.

4 **기반** 기초가 되는 바탕 또는, 사물의 토대입니다.

 꼭 알고 가기 **공자**

1. 다음 중 제자백가와 관련해 **틀린** 내용을 고르세요.

   ① 도가는 자연 그대로에 따른 삶을 강조했어요.

   ② 한비자는 엄격한 법에 따라 나라를 다스려야 한다고 주장했어요.

   ③ 유가의 가르침을 따른 진나라가 중국을 통일했어요.

   ④ 공자와 맹자는 어진 정치, 도덕적인 정치를 중요하게 여겼어요.

2. 다음 문장에 어울리는 오늘의 낱말을 적으세요.

   이 영화는 실화를 _____ 으로 한다.

정답 p. 218

#다섯 번째 위인

사람은 모두 착하게 태어났다고 주장한
맹자

　춘추 시대 이후, 기원전 403년부터 진나라가 중국을 통일하기까지의 약 200년간 전국 시대가 왔어요. 170여 개에 달했던 제후국들이 전국 시대에는 7개로 정리되어, 세력을 다투며 ¹**혼란**이 이어졌습니다. 뒤죽박죽 어지러운 세상에서 사람들은 고민에 빠졌어요.

　'이 난리는 언제 끝날까? 대체 무슨 생각으로 이렇게 싸우는 거지?'

　이때 공자의 인(仁, 어질 인)을 발전시켜 성선설을 내세운 사람이 바로 맹자예요. 성선설이란, 사람의 본성은 모두 착하게 태어난다는 말이지요. 맹자는 성선설의 ²**근거**로 모든 사람에게 네 가지의 마음이 있다고 했어요. 불쌍히 여기는 마음, 잘못을 부끄러워하는 마음, 겸손하게 대하는 마음, 맞고 틀림을 구분하는 마음이에요. 이 마음들이 나쁜 영향을 받지 않도록 해야 한다고 맹자는 주장했지요.

　맹자는 여러 제후국을 다니며, 도덕적으로 세상을 다스리는 정치를 펴라고 조언했습니다. 고향으로 돌아와서는 제자들과 토론한 내용 등을 총 7편으로 모아 「맹자」라는 책으로 남겼으며, 유교 ³**경전**인 사서의 하나로 전해지고 있답니다.

위인 맹자　　　　**시대** 전국 시대
나라 추나라　　　**출생~사망** 기원전 372~기원전 289년　　**직업** 사상가

잠깐! 더 알고 가기

+ 성악설
성선설과 반대로, 사람은 이기적이고 악하게 태어난다는 주장이에요.

+ 맹모삼천지교
맹자의 어머니가 세 번이나 이사를 하며 아들을 공부시키기 위해 노력했음을 나타내는 말입니다.

+ 사서
유교의 경전인 「논어」, 「맹자」, 「중용」, 「대학」을 말해요.

교과서 속 오늘의 낱말

1 혼란 어지럽고 질서가 없으며, 여럿이 뒤섞여 엉망이 된 모습을 말해요.

2 근거 어떤 일이나 주장이 나오게 된 바탕이나 까닭을 가리킵니다.

3 경전 종교의 원리와 이치를 적은 책을 의미해요.

퀴즈! 꼭 알고 가기 맹자

1. 다음 중 맹자의 주장과 거리가 먼 것을 고르세요.

① 지도자는 어진 마음으로 도덕에 따라 나라를 다스려야 해.
② 혼란의 시대에는 법보다 주먹이 잘 통한다고!
③ 사람은 기본적으로 모두 착한 마음을 가지고 태어나는 거야.
④ 타고난 마음이 나쁜 영향을 받지 않도록 경계하자.

2. 다음 문장에 어울리는 오늘의 낱말을 적으세요.

의견을 낼 때는 _____ 를 함께 얘기해야 상대를 설득할 수 있습니다.

정답 p. 218

#여섯 번째 위인

자연 그대로의 삶을 추구한
노자와 장자

춘추 전국 시대의 제자백가 중, 유가에 이어 오늘은 도가 사상가인 노자와 장자에 대해 알아볼게요. 노자와 장자의 사상을 가리키는 '노장사상'은 도가의 ¹**핵심**으로, 모든 것의 ²**근원**은 바로 자연이며 자연과 같이 살아야 한다고 주장해요.

자연의 이치를 소중히 여기며 살려는 많은 사람들이 도가의 가르침을 따랐답니다. 물, 나무, 바람, 공기, 햇빛처럼 자연은 언제 어디든 그대로 있는 모든 것이고, 무엇이 옳다 ³**그르다** 따지지 않지요.

도가를 배우는 사람들에게 제자백가의 여러 학파에서 내세우는 주장들은 억지스럽게 보일 때도 있었습니다. 특히 유가의 사상은 ⁴**인위적**으로 느껴졌어요. 유가는 임금과 신하, 부모와 자녀, 스승과 제자 사이에서 어떻게 행동해야 하는지 자세하게 정해 놓고 가르쳤으니까요. 이후로도 오랫동안 동양 철학에서 유가와 도가는 중요한 사상으로 자리 잡았으며, 역사 속에서 흐름을 이어 갔습니다.

위인 노자　**나라** 초나라　**시대** 춘추 시대　**출생~사망** 미상　**직업** 사상가
위인 장자　**나라** 송나라　**시대** 전국 시대　**출생~사망** 기원전 365년경~기원전 270년　**직업** 사상가

잠깐! 더 알고 가기

+ 무위자연

사람의 힘을 더하지 않은 그대로의 자연 또는, 그런 경지를 가리키는 사자성어입니다. 도가에서는 무위자연을 도덕의 기준으로 여겼습니다.

+ 상선약수

최고의 선은 물과 같다는 뜻의 사자성어예요. 노자는 그저 거스르지 않고 위에서 아래로 흐르는 물을 으뜸가는 선이라고 생각했어요.

교과서 속 오늘의 낱말

1 **핵심** 사물의 가장 중심이 되는 부분입니다.

2 **근원** 사물이 비롯되는 근본이나 원인을 말해요.

3 **그르다** 어떤 일이 사리에 맞지 않은 면이 있다는 뜻이에요.

4 **인위적** 자연의 힘이 아닌 사람의 힘으로 이루어지는 것을 가리킵니다.

꼭 알고 가기 노자와 장자

1. 다음 중 학파와 사상가가 잘못 연결된 것을 고르세요.

   ① 법가 – 한비자
   ② 도가 – 노자
   ③ 유가 – 공자
   ④ 도가 – 맹자

2. 다음 문장에 어울리는 오늘의 낱말을 적으세요.

   이곳은 원래 바다였지만, _____으로 물을 막고 땅을 메워 육지로 만들었다.

정답 p. 218

 #일곱 번째 위인

중국을 통일하고 강력하게 다스린
진시황

전국 시대 일곱 제후국을 ¹**평정한** 최후의 승자는 진나라였어요. 기원전 221년, 진시황은 중국을 통일함으로써 춘추 전국 시대의 막을 내렸습니다. 진시황은 자신이 중국 최초의 황제라고 강조하기 위해, 처음이라는 뜻의 '시-'를 붙여 스스로 시황제라 칭하도록 했어요.

진시황은 법가의 가르침에 따라 엄격한 법과 제도로 나라를 다스렸습니다. 제후들에게 땅을 나눠 주지 않고, 전국 방방곡곡에 자신이 임명한 관리를 ²**파견해** 다스렸습니다. 덕분에 넓은 중국 땅에 황제의 영향력을 직접 끼칠 수 있었지요. 또한 여기저기 제각각이던 글자, 돈 단위, ³**도량형**을 통일했습니다.

진시황은 듣기 싫은 말을 하는 사람들에게는 무시무시한 ⁴**폭군**이기도 했습니다. 자신에게 반대 의견을 제시하는 책을 모아 불태워 버리고, 학자들을 땅에 파묻어 죽이기도 했습니다.

결국 조마조마 마음 졸이고 살던 백성들의 불만이 커졌습니다. 진시황이 죽고 난 후 수많은 반란이 일어나 기원전 206년, 진나라는 멸망하고 말았지요.

위인 진시황 **시대** 고대
나라 진나라 **출생~사망** 기원전 259~기원전 210년 **직업** 왕

잠깐! 더 알고 가기

+ 분서갱유
진시황이 학자들의 비판을 막기 위해 책들을 불태우고 선비들을 구덩이에 묻어 죽인 일을 가리키는 말입니다.

+ 불로초
먹으면 늙지 않는다고 하는 풀입니다. 영원히 살고 싶었던 진시황은 불로초가 있다고 믿었고, 불로초를 구해 먹기 위해 무척 노력했다고 합니다.

+ 병마용 갱
진시황은 자신의 무덤 주변에 수많은 군사들을 진흙 인형으로 빚어 함께 묻었습니다. 이 무덤이 바로 중국 산시성 시안에 있는 병마용 갱입니다.

교과서 속 오늘의 낱말

1 평정하다 반란이나 소란을 누르고 평온하게 진정시킨다는 의미예요.

2 파견하다 일정한 임무를 주어 사람을 보내는 것을 가리킵니다.

3 도량형 길이, 부피, 무게 등의 단위를 재는 법을 뜻해요.

4 폭군 사납고 악한 임금을 말합니다.

퀴즈! 꼭 알고 가기 — 진시황

1. 다음 중 진시황이 나라를 다스리는 데 중요하게 생각한 사상은 무엇인가요?

① 유가
② 도가
③ 법가
④ 묵가

2. 다음 문장에 어울리는 오늘의 낱말을 적으세요.

우리나라의 _____ 법은 세계적으로 널리 쓰이는 미터법이다.

정답 p. 218

너 자신을 알라고 한
소크라테스

'어려움에 처한 친구를 도와야 하는 이유는?', '왜 어떤 그림은 멋지고, 어떤 건 마음에 안 들까?', '영혼이 정말 있나?'

여러분은 이런 궁금증에 빠져 본 적 있나요? 쓸데없는 ¹**공상**이라고 생각할 건 아니랍니다. 알고 보면, 이런 생각이야말로 무척 오래된 인류의 고민이니까요.

고대 그리스의 문화는 여러 갈래로 발전하며, 오랫동안 서양 사회에 영향을 끼쳤어요. 그중 으뜸으로 여기는 분야는 철학이라고 할 수 있습니다. 철학은 우리를 둘러싼 세상은 어떻게 생긴 것인지, 사람은 어떤 마음을 가졌는지 등을 연구하는 학문이지요. 그러니 우리가 ²**골똘히** 생각하는 주제들도 철학적 생각이 될 수 있어요.

고대 그리스의 여러 철학자 중, 소크라테스는 서양 철학의 ³**기원**이라 할 수 있는 인물이에요. 소크라테스의 가르침은 바로 '너 자신을 알라.'라는 말에서 나타납니다. 자신이 무엇을 잘 모르는지 ⁴**한계**를 알고, 계속해서 배우려고 노력해야만 지혜를 얻을 수 있다는 뜻이지요.

위인 소크라테스　　**시대** 고대
나라 그리스　　**출생~사망** 기원전 470년경~기원전 399년　　**직업** 사상가

잠깐! 더 알고 가기

+ **악법도 법이다.**

  소크라테스는 신을 모독했다는 이유로 재판에서 유죄 판결을 받았습니다. 끝까지 자신의 생각을 굽히지 않고 무죄를 주장하던 소크라테스는 "악법도 법이다."라는 말과 함께 독을 마시고 죽었다고 해요.

교과서 속 오늘의 낱말

1 **공상** 현실적이지 못하거나 이루어질 가능성이 없는 것을 막연히 생각하는 거예요.

2 **골똘히** 한 가지 일에 온 정신을 쏟아 딴생각이 없는 모습을 나타냅니다.

3 **기원** 사물이 처음으로 생긴 근원을 말합니다.

4 **한계** 사물이나 능력, 책임 등이 실제 작용할 수 있는 범위입니다.

 꼭 알고 가기 **소크라테스**

1. 지혜를 얻기 위해서는 무엇을 잘 모르는지 알아야 한다는 뜻을 담은 소크라테스의 격언을 고르세요.

   ① 악법도 법이다.

   ② 너 자신을 알라.

   ③ 이 세상의 모든 것은 물에서 생겨났다.

   ④ 최고의 선은 물과 같다.

2. 다음 문장에 어울리는 오늘의 낱말을 적으세요.

   무슨 생각을 그리 _____ 하니?

   고민 있으면 같이 의논해 보자.

   정답 p. 218

#아홉 번째 위인

변하지 않는 이데아를 탐구한
플라톤

고대 그리스의 대표적인 철학자 중, 오늘은 플라톤에 대해 살펴볼게요.

플라톤은 어릴 때부터 **¹다방면**에 재능이 뛰어났다고 알려져 있습니다. 많은 시를 썼으며, 그림도 그렸고, 레슬링 경기에 나간 적도 있어요. 원래 플라톤의 꿈은 시인이 되는 것이었는데, 우연히 소크라테스의 강연을 듣고 철학자가 되기로 했지요.

소크라테스의 제자가 된 플라톤은, 스승의 사상을 **²이어받아** 한층 더 발전시켰습니다. 소크라테스가 주장한 참된 지혜에 대해, 플라톤은 '이데아'라는 말로 설명한 것이지요. 반면 우리가 경험하는 현실 속의 세계는 이데아의 그림자라고 생각했어요.

소크라테스가 처형을 당해 죽자, 많은 제자들이 **³아테네**를 떠났습니다. 플라톤도 곳곳을 여행하며 다양한 사상을 접하고 교류했지요. 아테네로 돌아온 플라톤은 '아카데메이아'라는 이름의 학교를 세워 제자를 가르치는 데 **⁴전념했습니다**. 아카데메이아는 플라톤이 세상을 떠난 후에도 오랫동안 교육과 연구 기관으로 이어졌지요.

위인 플라톤　　**시대** 고대
나라 그리스　　**출생~사망** 기원전 428년경~기원전 347년경　　**직업** 사상가

잠깐! 더 알고 가기

+ 이데아

절대적인 최고 개념을 뜻해요. 예를 들어, 동그라미를 그렸을 때 어떤 동그라미라도 계속 확대하면 찌그러진 곳이 있을 거예요. 하지만 우리의 머릿속에는 어느 한 곳 찌그러지지 않은 완벽한 동그라미의 개념 즉, 이데아가 있는 것입니다.

+ 대화편

플라톤은 소크라테스가 제자들과 주제별로 나눈 토론을 기록했고, 그 내용이 「대화편」으로 묶인 여러 책으로 전해 내려오고 있습니다.

교과서 속 오늘의 낱말

1 다방면   여러 방면을 의미해요.

2 이어받다   이미 이루어진 일의 결과나, 해 오던 일 또는 그 정신 등을 전해 받는다는 뜻입니다.

3 아테네   기원전 8세기 무렵 세워진 그리스의 대표적인 도시 국가예요.

4 전념하다   오직 한 가지 일에만 마음을 쓴다는 뜻입니다.

퀴즈! 꼭 알고 가기 플라톤

1. 다음 중 소크라테스와 플라톤은 어떤 관계인가요?

① 친구 관계

② 아버지와 아들 관계

③ 왕과 신하 관계

④ 스승과 제자 관계

2. 다음 문장에 어울리는 오늘의 낱말을 적으세요.

내 친구는 노래, 달리기, 그림 등 ☐☐☐ 에 뛰어나다.

정답 p. 218

#열 번째 위인

고대 그리스 최고의 사상가
아리스토텔레스

아리스토텔레스는 그리스 북부 마케도니아의 작은 마을에서 태어났어요. 아리스토텔레스의 아버지는 마케도니아 왕 필리포스 2세의 ¹**주치의**였기에, 어린 시절에는 ²**가업**을 이어 의사가 되기 위한 공부를 했을 거라 예상되지요. 하지만 열 살 무렵 병으로 부모님을 잃고 친척의 보살핌을 받아 자랐다고 합니다.

17세 무렵 아리스토텔레스는 아테네로 유학을 떠나, 플라톤이 세운 아카데메이아에서 20여 년 동안 학문을 닦았습니다. 플라톤은 똑똑한 제자 아리스토텔레스를 매우 아껴서, 아리스토텔레스가 지각을 하면 교실에 올 때까지 수업을 시작하지 않고 기다렸을 정도라고 해요.

플라톤이 죽자 아리스토텔레스는 자신만의 ³**학설**을 주장하기 시작했습니다. 플라톤이 이데아의 세계를 ⁴**제시했다면**, 아리스토텔레스는 우리가 직접 보고 듣고 느끼는 현실을 중요하게 생각했어요. 그래서인지 아리스토텔레스의 연구 분야는 무척 다양합니다. 철학, 과학, 논리학, ⁵**신학** 등 여러 방면에서 자신의 생각을 뛰어난 책으로 남겼어요.

위인 아리스토텔레스　**시대** 고대
나라 그리스　**출생~사망** 기원전 384~기원전 322년　**직업** 사상가

잠깐! 더 알고 가기

+ 아리스토텔레스의 책
「형이상학」, 「오르가논」, 「자연학」, 「시학」, 「니코마코스 윤리학」 등이 널리 알려져 있습니다.

+ 리케이온
아리스토텔레스가 아테네 동쪽 지역에 설립하여 젊은이들을 가르친 학교입니다.

교과서 속 오늘의 낱말

1 **주치의** 어떤 사람의 병을 맡아서 치료해 주는 의사입니다.

2 **가업** 대대로 물려받는 집안의 생업을 뜻해요.

3 **학설** 학문과 기술 관련한 문제에 대해 주장하는 이론의 체계를 말합니다.

4 **제시하다** 어떤 생각을 말이나 글로 나타내 보이는 것을 가리켜요.

5 **신학** 신에 대해, 신이 인간과 세상에 어떤 관계를 맺는지 연구하는 학문입니다.

퀴즈! 꼭 알고 가기 아리스토텔레스

1. 다음 중 고대 그리스 철학자가 아닌 인물을 고르세요.

① 플라톤

② 알렉산드로스 대왕

③ 소크라테스

④ 아리스토텔레스

2. 다음 문장에 어울리는 오늘의 낱말을 적으세요.

이 대장간은 대대로 _____ 을 이어 온 오래된 곳이다.

정답 p. 218

열한 번째 위인

백성을 위한 개혁을 펼쳤으나, 독재의 끝은 좋지 않았던 **카이사르**

처음 로마는 왕이 다스리는 국가로 출발했습니다. 시간이 흐르며 평민들이 전쟁에서 중요한 공을 세우자 ¹**참정권**을 원하게 되었고, ²**공화정**을 바탕으로 점점 발전해 갔어요. 이탈리아반도를 통일했고, 카르타고를 쳐부수며 지중해까지 장악했지요.

하지만 로마가 전쟁에 계속 이기며 영토를 늘려도, 이득을 갖는 건 귀족들뿐이었습니다. 평민들의 불만은 날이 갈수록 커져 갔고, 이때 사람들의 마음을 사로잡은 인물이 바로 카이사르 장군이었어요. 카이사르는 평민들을 위한 개혁 정책에 관심이 많았거든요.

귀족 중심의 원로원에서는 카이사르가 인기를 얻어 왕이 될까 봐 걱정했고, 전쟁 중이던 카이사르에게 로마로 오라고 명령했어요. 카이사르는 루비콘강 앞에서 무장을 풀지 않은 채, 그대로 군사를 몰고 로마로 나아가 권력을 장악했습니다.

카이사르는 ³**임기** 제한이 없는 '⁴**독재관**'이라는 자리를 만들어 혼자 로마를 장악했어요. 가난한 사람들에게 식량을 주고, 세금을 공평하게 거두는 등 다양한 개혁을 계속했습니다. 하지만 결국 공화정을 지키려는 세력에게 목숨을 잃었습니다.

위인 카이사르 **시대** 고대
나라 로마 **출생~사망** 기원전 100~기원전 44년 **직업** 정치가

잠깐! 더 알고 가기

+ **포에니 전쟁**
  로마와 카르타고가 벌인 싸움으로, 로마가 승리를 거두며 지중해 패권을 손에 넣었어요.

+ **"브루투스, 너마저?"**
  카이사르의 암살 현장에는 평소에 아들처럼 생각했던 브루투스도 있었어요. 브루투스를 본 카이사르는 "브루투스, 너마저?"라 외치며 한탄했다고 합니다.

교과서 속 오늘의 낱말

1 **참정권** 국민이 국정에 참여하는 권리입니다.

2 **공화정** 국민이 선출한 대표자 또는 대표 기관의 의사에 따라 주권이 행사되는 정치를 의미해요.

3 **임기** 임무를 맡아보는 일정한 기간을 말합니다.

4 **독재** 특정한 세력이 민주적 절차를 부정하고 권력을 차지하여 독단으로 처리하는 정치 형태예요.

 꼭 알고 가기 **카이사르**

1. 다음 중 카이사르에 대해 **틀린** 설명을 고르세요.

① 독재관으로서 다양한 개혁을 시도했어요.

② 원로원의 귀족들은 카이사르가 왕이 될까 봐 걱정했어요.

③ 왕이 되어 오래오래 로마를 다스렸어요.

④ 루비콘강 앞에서 그대로 진격해 로마를 장악했어요.

2. 다음 문장에 어울리는 오늘의 낱말을 적으세요.

여성에게 _____ 이 생긴 지 200년이 채 되지 않았다.

정답 p. 218

열두 번째 위인

네 이웃을 사랑하라고 가르친
예수 그리스도

　로마 제국의 한 지역이었던 지금의 베들레헴 지역에서 예수가 태어났습니다. 예수는 제자들을 거느리고 하느님의 가르침을 전하는 사상가가 되었고, 많은 이들에게 세상을 구원하러 온 사람이라고 알려졌습니다. 특히 로마의 지배를 받던 [1]**유대인**들은 자기들이 기다려 온 [2]**메시아**가 바로 예수라며 기뻐했지요.

　예수는 하느님을 믿으면 누구나 천국에 갈 수 있다고 했습니다. '네 이웃을 사랑하라.', '원수를 사랑하라.', '누가 네 오른쪽 뺨을 치거든, 왼쪽 뺨마저 돌려 대 주어라.'라며 무조건적인 사랑을 강조했습니다.

　유대인들이 싫어했던 세금 거두는 관리를 제자로 삼는가 하면, 병든 환자들과 가까이했습니다. 이런 모습은 유대인들의 기대에 어긋나는 것이어서, 예수를 미워하는 유대인들이 생겨났고, 결국 예수는 십자가에 못 박혀 죽고 말았습니다.

　죽은 지 3일 만에 예수가 부활했다는 소문이 퍼지며, 제자들을 통해 그의 가르침은 한층 널리 [3]**전파되었습니다**. 오늘날까지 많은 사람들이 [4]**기독교**를 믿고 있으며, 예수를 메시아로 여기는 의미를 담은 호칭이 '예수 그리스도'예요.

위인 예수 그리스도
나라 로마
시대 고대
출생~사망 기원전 4년경~기원후 30년경
직업 성인

잠깐! 더 알고 가기

+ 아가페

예수가 강조한 무조건적 사랑을 뜻하는 말이에요. 인간에 대한 신의 사랑, 나를 희생하는 사랑을 의미하지요.

+ 가롯 유다

예수의 제자 중 한 사람으로, 제사장들에게 예수를 팔아넘겼어요. 예수의 십자가형 선고를 듣고 후회하여 스스로 목숨을 끊었습니다.

교과서 속 오늘의 낱말

1 **유대인** 셈 어족으로 히브리어를 사용하고 유대교를 믿는 민족을 일컫습니다. 고대에는 팔레스타인에 거주하였고, 로마 제국에 의하여 예루살렘이 파괴되자 세계 각지에 흩어져 살다가 1948년, 팔레스타인에 이스라엘을 세워 살고 있지요.

2 **메시아** '인간의 능력을 넘어선 지혜로 이스라엘을 통치하는 왕'의 의미로, 기독교의 신약 성경에서 예수 그리스도를 가리킵니다.

3 **전파되다** 전해져서 널리 퍼뜨려진다는 의미예요.

4 **기독교** 예수 그리스도의 인격과 교훈을 중심으로 하는 종교입니다.

 **꼭 알고 가기** # 예수 그리스도

1. 다음 중 예수의 가르침과 거리가 <u>먼</u> 것을 고르세요.

   ① 눈에는 눈 이에는 이로 갚아라.

   ② 원수를 사랑하라.

   ③ 네 이웃을 사랑하라.

   ④ 누가 네 오른쪽 뺨을 치거든, 왼쪽 뺨마저 돌려 대 주어라.

2. 다음 문장에 어울리는 오늘의 낱말을 적으세요.

   주말이면 아빠는 _____ 라 교회에 가고,

   엄마와 나는 불교라 절에 간다.

정답 p. 218

#열세 번째 위인

종이를 발명한
채륜

여러분은 어디서 새로운 지식, 다른 사람들의 생각, 재미있는 이야기를 ¹**접하나요**? 컴퓨터로 온라인 뉴스를 볼 수도 있고, 스마트폰이나 태블릿 PC로 SNS에 접속할 수도 있겠지요.

하지만 여전히 사람들의 생각을 담아 전달하는 데 가장 큰 역할을 하는 건 책, 신문 등의 종이랍니다. 종이는 ²**나침반**, 화약, 인쇄술, 바퀴 등과 더불어 인류의 중요한 발명품으로 꼽히지요.

바로 이 종이를 처음 만든 사람이 중국 ³**후한** 때의 발명가 채륜입니다. 채륜은 황실에서 필요한 무기 등 여러 가지 물건을 만드는 부서에서 환관으로 일했어요. 기록에 따르면, 채륜은 자신의 일에 흥미를 갖고 성실하게 일하는 사람이었다고 합니다. 고전 책에 수록될 글을 ⁴**교정하는** 등 학문적으로도 뛰어났지요.

105년, 채륜은 낡은 헝겊, 오래된 그물, 삼베 천 조각, 나무껍질 등을 이용해 종이를 만들었어요. 그전에는 대나무나 비단, 판자에 기록했던 글을 가볍고 저렴한 종이에 적을 수 있게 된 것이지요. 오늘날까지 종이는 인류의 문화 발전에 중요한 역할을 해 오고 있답니다.

위인 채륜
나라 후한
시대 고대
출생~사망 미상~121년
직업 발명가

잠깐! 더 알고 가기

+ **환관**
내시로서 임금의 시중을 들거나 숙직 등의 일을 맡아보던 남자 관리를 일컫습니다.

교과서 속 오늘의 낱말

1 **접하다** 소식이나 명령 등을 듣거나 받는다는 의미예요.

2 **나침반** 자석 바늘이 남북을 가리키는 특성을 이용해서 방향을 나타내는 기구입니다.

3 **후한** 중국 역사에서, 25년에 건국되어 220년에 멸망한 나라예요.

4 **교정하다** 출판물의 글자나 글귀를 검토하여 바르게 정하는 것입니다.

 꼭 알고 가기 **채륜**

1. 다음 중 채륜이 종이를 만드는 데 사용하지 <u>않은</u> 재료를 고르세요.

   ① 오래된 그물
   ② 나무껍질
   ③ 미세 플라스틱
   ④ 낡은 헝겊

2. 다음 문장에 어울리는 오늘의 낱말을 적으세요.

   바늘의 빨간 색이 가리키는 곳에 북쪽을 맞추면, 동서남북이 어디인지 방향을 알 수 있다.

정답 p. 218

열네 번째 위인

로마의 황제이자 학자로서도 업적을 남긴
마르쿠스 아우렐리우스

기원전 1세기 말 아우구스투스 황제가 내란을 수습하고 로마를 다스린 이후, 약 200년 동안 로마는 ¹**전성기**를 누렸습니다. 이 기간 동안 다섯 명의 황제가 있었고, 그중 마지막 황제가 바로 마르쿠스 아우렐리우스이지요.

마르쿠스는 어릴 적부터 군사나 정치보다는 학문에 관심이 많았어요. 하지만 황제로 ²**임명된** 후에는 개인적인 흥미보다 주어진 상황과 역할에 충실해야 했습니다. 직접 전투를 이끌며 영토를 넓히고, ³**이민족**의 침범을 막아 로마의 국경을 지켰습니다. 특히 로마 제국의 동쪽과 도나우강을 방어하는 데 힘썼지요.

그러면서도 마르쿠스는 틈틈이 ⁴**사색하고**, 스토아 철학의 영향을 받은 자신의 생각을 정리해 「명상록」이라는 책으로 남겼습니다. 「명상록」은 12권으로 되어 있으며, 욕망을 자제하고 불굴의 의지를 발휘해 역할에 충실하자는 주장을 담고 있지요.

위인 마르쿠스 아우렐리우스 **시대** 고대
나라 로마 **출생~사망** 121~180년 **직업** 왕

잠깐! 더 알고 가기

+ 오현제
로마의 최전성기를 이끈 다섯 명의 현명한 황제를 가리킵니다. 오현제는 네르바, 트라야누스, 하드리아누스, 안토니누스 피우스, 마르쿠스 아우렐리우스 황제입니다.

+ 팍스 로마나
안정과 평화를 누리던 로마의 황금시대를 말하며, 라틴어로 '로마의 평화'라는 의미예요.

+ 스토아 철학
윤리를 중심 문제로 하여 욕망을 억제하고 자연의 법도를 따를 것을 주장한 스토아학파의 사상입니다.

교과서 속 오늘의 낱말

1 전성기 형세나 세력 등이 한창 왕성한 시기를 말합니다.

2 임명되다 일정한 지위나 임무가 맡겨지는 거예요.

3 이민족 언어나 풍습 등이 다른 민족을 의미해요.

4 사색하다 어떤 것에 대해 깊이 생각하고 이치를 따지는 거예요.

꼭 알고 가기 마르쿠스 아우렐리우스

1. 다음 중 로마의 오현제가 아닌 사람은 누구인가요?
   ① 하드리아누스 황제
   ② 네르바 황제
   ③ 네로 황제
   ④ 마르쿠스 아우렐리우스 황제

2. 다음 문장에 어울리는 오늘의 낱말을 적으세요.

   세종 대왕 재위 기간은 조선의 _____ 중 한 시기였다고 볼 수 있다.

정답 p. 218

#열다섯 번째 위인

기독교를 로마의 국교로 선포한
콘스탄티누스 대제

콘스탄티누스는 군인 아버지의 **¹영향**으로, 어릴 적부터 전투에 필요한 군사 훈련을 받으며 자랐다고 합니다. 군인으로 지내며 많은 싸움터에서 경험을 쌓았는데, 황제가 된 후에도 마찬가지였습니다. 중요한 전투에서 승리를 거두며 장악력을 높이고, **²통치** 권력을 강화했지요.

한편 왕과 귀족들은 기독교 믿는 사람들을 **³핍박했어요**. 하느님 앞에서는 신분이나 재산과 상관없이 모두 평등하다는 주장은, 지배자들의 입장에서 위험하게 느껴졌을 거예요. 하지만 예수의 가르침은 널리 널리 퍼져 갔습니다.

그러던 어느 날, 콘스탄티누스의 꿈에 커다랗게 빛나는 십자가 **⁴문양**이 나타났고, "이 표시로 이길 것이다!"라는 목소리가 들렸어요. 깜짝 놀라 잠에서 깬 콘스탄티누스는 꿈에서 본 십자가를 방패에 새겼고, 전투에서 크게 승리했습니다.

이후 콘스탄티누스는 기독교를 공인하고, 신도들을 괴롭히지 못하도록 했습니다. 수도를 비잔티움으로 옮겨 기독교적인 도시로 만들기도 했어요.

위인 콘스탄티누스 대제 **시대** 고대
나라 로마 **출생~사망** 280년경~337년 **직업** 왕

잠깐! 더 알고 가기

+ 콘스탄티노플

비잔티움으로 수도를 옮긴 콘스탄티누스 대제는 도시의 이름을 콘스탄티노플로 바꿨습니다. 오늘날 튀르키예의 도시 이스탄불에 해당하는 곳이에요.

+ 밀라노 칙령

313년에 로마의 콘스탄티누스 대제가 밀라노에서 발표한 칙령입니다. 밀라노 칙령을 통해 기독교가 공인되었습니다.

교과서 속 오늘의 낱말

1 **영향** 어떤 사물의 효과나 작용이 다른 것에 미치는 일이에요.

2 **통치** 나라나 지역을 도맡아 다스림을 뜻합니다.

3 **핍박하다** 바싹 죄어서 몹시 괴롭게 구는 것을 말합니다.

4 **문양** 옷감이나 조각품 따위를 장식하기 위한 여러 가지 모양을 가리킵니다.

 꼭 알고 가기 **콘스탄티누스 대제**

1. 다음 중 콘스탄티누스 대제에 대해 잘못된 설명을 고르세요.

    ① 밀라노 칙령을 발표했어요.
    ② 꿈에서 받은 계시에 따라 전쟁에서 승리했어요.
    ③ 비잔티움으로 수도를 옮겼어요.
    ④ 기독교를 탄압했어요.

2. 다음 문장에 어울리는 오늘의 낱말을 적으세요.

    우리 조상들이 일본의 식민 _____ 에 저항하며 독립운동을 계속했기에 오늘의 대한민국이 있는 것이다.

정답 p. 218

동로마 제국을 발전시킨
유스티니아누스 1세

콘스탄티누스 대제 이후 로마에는 분열과 ¹**쇠퇴**가 일어났습니다. 394년, 테오도시우스 황제는 나라를 동서로 나누어 자신의 아들들에게 나눠 주었어요. 서로마 제국은 476년 게르만 민족에 의해 멸망했지만, 동로마 제국은 천 년이 넘게 이어지며 발전했답니다.

서로마 제국이 사라진 자리에 ²**이민족**들이 나라를 세우기 시작하자 동로마 제국은 점점 서쪽 땅을 관리하는 데 어려움을 겪었어요.

이에 ³**대책**을 세워야겠다고 생각한 동로마 제국 황제 유스티니아누스 1세는, 타고난 신분보다는 능력 위주로 인재를 선발하기 시작했습니다. 뛰어난 장군들도 많이 선발해 반란을 잠재우도록 하고, ⁴**원정군**을 꾸려 지중해 일대를 되찾는 데 성공했습니다.

또한 학자들에게 명령하여 법률을 ⁵**집대성해** 「로마법 대전」을 펴냈어요. 이 법전은 황제의 이름을 따 「유스티니아누스 법전」이라고도 불립니다.

위인 유스티니아누스 1세   **시대** 고대
나라 동로마   **출생~사망** 483~565년   **직업** 왕

잠깐! 더 알고 가기

+ **비잔틴 제국**
  동로마 제국을 부르는 또 다른 명칭입니다.

+ **게르만 민족의 대이동**
  4세기부터 6세기까지 게르만의 여러 민족이 서유럽으로 대규모 이동하여 정착한 일이에요. 게르만 민족의 대이동은 동·서로마 제국뿐만 아니라, 이후 유럽의 역사에 큰 영향을 미친 사건입니다.

교과서 속 오늘의 낱말

1 **쇠퇴**   기세나 상태가 쇠하여, 전보다 못하여 감을 가리킵니다.

2 **이민족**   언어, 풍습 등이 다른 민족을 뜻해요.

3 **대책**   어떤 일에 대처할 계획이나 수단을 말합니다.

4 **원정군**   먼 곳으로 싸우러 가는 군사나 군대예요.

5 **집대성하다**   여러 가지를 모아 하나의 체계를 이루어 완성한다는 뜻이에요.

 **꼭 알고 가기 유스티니아누스 1세**

1. 다음 중 유스티니아누스 1세가 다스린 나라는 어디인가요?

    ① 서로마 제국

    ② 잉카 제국

    ③ 동로마 제국

    ④ 오스만 제국

2. 다음 문장에 어울리는 오늘의 낱말을 적으세요.

    허준의 「동의보감」은 우리나라와 중국의 의학 지식을 _____ 한 우수한 책으로, 2009년 유네스코 세계 기록 유산으로 지정되었습니다.

정답 p. 218

\#열일곱 번째 위인

이슬람교를 창시한
마호메트

여러분은 세계 3대 종교가 무엇인지 알고 있나요? 바로 기독교, 불교, 이슬람교입니다. 우리나라 곳곳에 성당, 교회, **¹사찰**이 있고, 기독교나 불교를 믿는 사람을 주위에서 찾기 어렵지 않지요. 오늘은 그간 조금 **²생소했던** 이슬람교의 창시자 마호메트에 대해 알아볼게요.

마호메트는 아라비아반도의 메카에서 태어났어요. 어릴 때 부모님을 잃고, 할아버지와 친척 밑에서 자랐습니다. 사막의 양치기 **³목동**으로 일하며 고요히 사색에 빠지곤 했지요. 끝없는 사막과 하늘, 밤에는 쏟아질 것 같은 별들을 바라보면서요.

청년이 된 마호메트는 무역 일을 하며 알게 된 상인 카디자와 결혼했습니다. 열심히 일하며 자식들을 낳고 풍족하게 생활했지만, 마음속에는 진리를 찾고 싶은 생각이 늘 있었습니다.

결국 40세가 되던 해, 동굴로 들어가 명상을 시작했고, 천사를 통해 **⁴알라**의 계시를 받으며 이슬람교를 세웠다고 전해져요. 마호메트는 박해를 피해 메디나로 거처를 옮겼으며, 이슬람교에서는 이날을 **⁵원년** 1월 1일로 삼고 있습니다.

위인 마호메트
나라 사우디아라비아
시대 고대
출생~사망 570년경~632년
직업 성인

잠깐! 더 알고 가기

+ **무함마드**
마호메트의 아랍어 이름입니다.

+ **헤지라**
마호메트가 메카의 특권 상인과 귀족의 박해를 피해 신도들을 이끌고 메디나로 이주한 일을 말합니다.

+ **「코란」**
이슬람교의 경전입니다. 이슬람교도의 신앙뿐만 아니라 일상생활의 규범이 적혀 있어요.

교과서 속 오늘의 낱말

1 **사찰** 승려가 불상을 모시고, 부처의 가르침을 갈고 닦으며 널리 펴는 집을 말해요.

2 **생소하다** 어떤 대상이 낯설고, 익숙하지 않다는 뜻이에요.

3 **목동** 양, 소 등의 가축을 치며 풀을 뜯도록 돌보는 아이예요.

4 **알라** 이슬람교의 유일하고, 절대적이며, 전능한 신을 의미합니다.

5 **원년** 해의 차례를 나타내기 위해 이름을 붙인 첫해 또는, 어떤 일이 처음 시작되는 해를 말해요.

 꼭 알고 가기 **마호메트**

1. 다음 중 마호메트가 창시한 종교의 이름은 무엇인가요?
   ① 이슬람교
   ② 불교
   ③ 기독교
   ④ 힌두교

2. 다음 문장에 어울리는 오늘의 낱말을 적으세요.

   신라 시대 ▢▢ 불국사에서 석가탑도 보고, 다보탑도 보았어요.

정답 p. 218

#열여덟 번째 위인

당나라를 세우고 살기 좋은 나라로 만든
당태종

　중국 수나라 ¹말기, 우리나라는 ²고구려·백제·신라의 삼국 시대 때였습니다. 수나라 왕은 나라를 살피지 않고 화려한 궁전을 지었으며, 고구려와 무리한 전쟁을 일으켜 백성들의 ³원성이 자자했어요. 곳곳에서 왕을 바꾸자는 반란이 일어났습니다. 이때 수나라 귀족 출신 이세민은 아버지와 합심해 당나라를 세웠고, 아버지에 이어 당나라 2대 왕 태종이 되었습니다.

　태종은 토지 제도를 다듬어 나라의 살림을 넉넉히 하고, 백성들의 생활을 안정되게 돌봤습니다. ⁴충신들을 가까이 두고 의견을 자주 구했으며, 과거 제도를 통해 능력 있는 사람들을 뽑아 조정 일을 맡겼습니다. 이렇듯 많은 노력을 기울여 ⁵태평성대를 이루니, 당태종은 중국 역사상 최고의 임금 중 하나로 꼽히지요.

　다만 수나라가 꺾지 못한 고구려를 자신은 반드시 정복하겠다는 생각에, 또다시 전쟁을 벌였습니다. 직접 군사를 이끌고 고구려에 쳐들어갔지만, 크게 패한 당태종은 병을 앓다 세상을 떠났지요.

위인 당태종　　**시대** 고대
나라 당나라　**출생~사망** 599~649년　**직업** 왕

44

잠깐! 더 알고 가기

+ 수양제

수나라의 마지막 왕입니다. 운하를 파고 궁전을 짓는 등 대규모의 공사를 벌였고, 고구려를 침입했다가 을지문덕 장군에게 패하는 등 백성들을 힘들게 했습니다.

+ 안시성 싸움

고구려 보장왕 4년(645년)에 안시성에서 고구려와 당나라 사이에 있었던 싸움입니다. 당나라 태종의 군대를 양만춘 장군이 물리치며 고구려의 승리로 끝났어요.

교과서 속 오늘의 낱말

1 **말기**   정해진 기간이나 일의 끝이 되는 때나 시기를 가리켜요.

2 **고구려**   우리나라 삼국 시대의 삼국 가운데 하나로, 기원전 37년에 동명왕 주몽이 졸본을 도읍으로 하여 세운 나라예요.

3 **원성**   원망하는 소리를 말합니다.

4 **충신**   나라와 임금을 위하여 충성을 다하는 신하입니다.

5 **태평성대**   어진 임금이 잘 다스리어 태평한 세상이나 시대예요.

 꼭 알고 가기 **당태종**

1. 다음 중 당태종의 이름을 고르세요.

   ① 이방원

   ② 이자겸

   ③ 이세민

   ④ 이성계

2. 다음 문장에 어울리는 오늘의 낱말을 적으세요.

   수나라에 이어 당나라도 〔   〕는 꺾지 못했다.

정답 p. 218

#열아홉 번째 위인

중국 역사상 유일한 여성 황제
측천무후

용감하고 똑똑한 소녀 무조는 열네 살에 당나라 태종의 **¹후궁**이 되었어요. 궁궐 생활 중 태종이 죽자, 무조는 **²비구니**가 되었다가 태종의 아들 고종의 후궁으로 다시 궁에 돌아오게 되었지요. 황후를 몰아내고 자리를 차지한 무조는, 몸이 약한 고종을 대신해 나랏일을 보기 시작했습니다.

고종이 죽은 후에는 무조의 아들들이 왕위에 올랐지만, 실제로 중요한 일들을 결정하고 판단하는 사람은 무조였습니다. 자신의 통치에 방해가 되면 가차 없이 엄벌을 내리고, 권력을 지키기 위해 아들을 **³폐위시키기**도 했습니다.

결국 무조는 스스로 주나라를 세워 측천무후 황제가 되었습니다. 당나라 황후 시절부터 주나라 황제 기간까지 35년 동안 나라를 다스렸지요. 국경 지역을 안전하게 지키고, 백성들의 세금 부담을 줄였습니다. 관리가 일을 잘하면 벼슬을 높이고, 일을 못하면 벼슬을 빼앗는 등 **⁴성과**에 따라 인재를 관리했지요.

위인 측천무후　　**시대** 고대
나라 무주　　**출생~사망** 624년경~705년　　**직업** 왕

잠깐! 더 알고 가기

+ **세계 역사 속 여성 왕**

  우리나라에는 신라 시대 선덕 여왕, 진덕 여왕, 진성 여왕이 있어요. 영국의 엘리자베스 1세, 제정 러시아의 예카테리나 2세, 오스트리아의 마리아 테레지아 여제 등이 잘 알려져 있습니다.

+ **무주**

  중국 남북조 시대에, 서위라는 사람이 세운 주나라를 '서주'라 하고, 측천무후가 세운 주나라는 '무주'라 부릅니다.

교과서 속 오늘의 낱말

1 **후궁** 　제왕의 첩을 의미합니다. 첩은 옛날에 정식 아내가 아닌데 데리고 사는 여성을 가리키는 말이에요.

2 **비구니** 　여성 승려입니다.

3 **폐위하다** 　왕이나 왕비 등의 자리를 없애고, 지위에서 몰아낸다는 뜻이에요.

4 **성과** 　이루어 낸 결실을 말합니다.

 꼭 알고 가기 **측천무후**

1. 다음 중 성별이 <u>다른</u> 왕은 누구인가요?

    ① 엘리자베스 1세

    ② 측천무후

    ③ 콘스탄티누스 대제

    ④ 선덕 여왕

2. 다음 문장에 어울리는 오늘의 낱말을 적으세요.

    옛날 황제나 왕도 잘못을 하면 반란을 일으키고 　　　　　 시켰는데, 오늘날 대통령과 정치인들은 말할 것도 없다.

정답 p. 218

#스무 번째 위인

게르만족을 통합하고 서유럽의 기초를 닦은
카롤루스 대제

　로마가 동서로 갈라진 후, 서로마 제국이 멸망하고 게르만족이 들어와 여러 왕국을 세웠어요. 게르만 왕국들 중 얼마 가지 못하고 사라진 나라들도 있었지만, 프랑크 왕국은 게르만족의 전통과 로마의 문화를 융합하며 이어졌습니다.

　특히 카롤루스 대제 때 이르러, 프랑크 왕국은 슬라브족이 살던 동유럽까지 진출하며 성장을 [1]**거듭했지요**. 서유럽 최고의 정복자로서 카롤루스 대제는 로마 [2]**교황**으로부터 서로마 제국의 황제로 공식 인정을 받기에 이르렀습니다. 서로마 제국은 게르만족의 [3]**유입**으로 멸망했지만, 게르만의 한 부족인 프랑크족 국가의 황제가 서로마 제국의 황제로 새롭게 탄생한 거였지요.

　동로마 제국 즉, 비잔티움의 황제는 야만족이 로마 황제가 될 수 없다고 반발했지만 [4]**대세**를 거스를 순 없었습니다. 카롤루스 대제의 서로마 제국은 게르만족과 로마의 문화, 그리고 기독교가 어울리며 발전해 갔습니다.

위인 카롤루스 대제　　**시대** 고대
나라 서로마　　**출생~사망** 742년경~814년　　**직업** 왕

잠깐! 더 알고 가기

+ **카롤루스 대제가 죽은 후**
  서로마 제국은 셋으로 나뉘어 이탈리아, 독일, 프랑스 세 나라가 시작되었습니다.

+ **니벨룽겐의 노래**
  게르만인의 신화와 전설을 바탕으로 한 민족 서사시입니다. 13세기 초에 오스트리아의 궁정 시인이 썼다고 추정돼요.

교과서 속 오늘의 낱말

1 **거듭하다** 어떤 일을 자꾸 되풀이함을 말합니다.

2 **교황** 가톨릭교 즉, 천주교의 최고위 성직자입니다.

3 **유입** 사람이나 물자가 어떤 곳으로 모여드는 거예요.

4 **대세** 일이 진행되어 가는 결정적인 형세라는 뜻이에요.

 꼭 알고 가기 **카롤루스 대제**

1. 다음 중 다스린 나라가 다른 왕은 누구인가요?

   ① 카이사르
   ② 카롤루스 대제
   ③ 콘스탄티누스 대제
   ④ 마르쿠스 아우렐리우스

2. 다음 문장에 어울리는 오늘의 낱말을 적으세요.

   바티칸 시국은 이탈리아의 로마시 안에 있는 도시 국가로,

   　　　　이 다스리는 독립국입니다.

정답 p. 218

중세

마르틴 루터

술레이만 1세

펠리페 2세

엘리자베스 1세

마테오 리치

셰익스피어

갈릴레이

홉스

샤자한

루이 14세

#스물한 번째 위인

유능한 정치가이자 문장가로 이름 높은
왕안석

　왕안석은 중국 송나라 때 정치가이자 학자, [1]**문필가**로도 활동했습니다. 아버지를 갑자기 [2]**여의면서** 집안 형편이 어려워졌지만, 왕안석은 글공부를 무척 좋아했다고 전해집니다. 살림이 궁하고 옷이 낡았을지언정, 독학으로 꾸준히 책을 읽었지요.

　과거에 급제한 왕안석은 여러 곳을 돌며 지방 관리로 일했습니다. 조정의 중요한 관직은 아니었지만, 오히려 좋았습니다. 20년 가까이 다양한 지방의 백성들을 만나며 사람들의 실생활에 무엇이 가장 필요한지 깊이 생각할 수 있었으니까요. 또, 정치 싸움에 [3]**휘말리기** 쉬운 중앙 관직보다 학문 연구에 집중하기 좋았습니다.

　조정에서 일하게 된 왕안석은 그간 쌓은 지식과 경험을 마음껏 발휘했습니다. 신법을 [4]**제정하고** 시행하여 나라 살림을 튼튼히 하는 한편, 백성들의 삶이 한층 나아지도록 한 거예요. 훌륭한 시와 산문을 많이 남기기도 했답니다.

위인 왕안석　　**시대** 중세
나라 북송　　**출생~사망** 1021~1086년　　**직업** 정치가

잠깐! 더 알고 가기

＋ 왕안석의 신법

공물을 관청에서 직접 관리하도록 하는 균수법, 국가가 농민들에게 식량과 자금을 빌려주도록 한 청묘법, 농가에서 재산 규모에 따라 세금을 내도록 한 모역법, 땅 크기에 따라 세금을 내도록 한 방전균세법, 국가에서 상인에게 낮은 이자로 돈을 빌려주도록 한 시역법 등으로 구성되어 있습니다.

＋ 당송 팔대가

당나라와 송나라 때 여덟 명의 뛰어난 문장가를 가리키는 말입니다. 당나라의 한유·유종원, 송나라의 구양수·왕안석·증공·소순·소식·소철이 당송 팔대가에 속합니다.

교과서 속 오늘의 낱말

1 **문필가** 글을 지어 발표하는 일을 전문으로 하는 사람입니다.

2 **여의다** 부모님이나 사랑하는 사람이 세상을 떠나 이별한다는 뜻이에요.

3 **휘말리다** 어떤 사건이나 감정에 휩쓸려 들어가는 모습을 가리킵니다.

4 **제정하다** 제도나 법률 등을 만들어서 정하는 것입니다.

퀴즈! 꼭 알고 가기 **왕안석**

1. 다음 중 왕안석에 대해 <u>틀린</u> 설명을 고르세요.

   ① 신법을 통해 나라를 강하게 하고 백성의 삶에 도움을 주고자 했어요.
   ② 어린 시절부터 글공부를 좋아했어요.
   ③ 부유한 귀족 출신으로, 내내 풍족한 삶을 살았어요.
   ④ 뛰어난 문장가이기도 했어요.

2. 다음 문장에 어울리는 오늘의 낱말을 적으세요.

   과거 시험에서 합격하려면 주로 고전에 대한 해석과 글쓰기 능력이 중요해서, 옛 정치가들은 학자이자 _____ 인 경우가 많다.

정답 p. 219

#스물두 번째 위인

수없이 죽을 고비를 넘기며
세계 최대의 제국을 세운 **칭기즈 칸**

　유럽이 중세에 접어들 무렵, 아시아 몽골의 초원 지대에서 테무친이라는 남자아이가 태어났어요. 다른 부족 사람들이 독을 먹여 테무친의 아버지가 죽자, 테무친 가족은 원래 부족 사람들에게도 배척당하게 되었습니다. 테무친은 슬퍼할 **¹겨를**도 없이 하루하루 식량을 구해 어머니와 동생과 살아가야 했습니다. 여러 번 죽을 **²고비**를 넘기기도 하고, 산으로 동굴로 숲속으로 도망 다니며 살기도 했습니다.

　청년이 된 테무진은 아버지와 친했던 다른 곳 부족장에게 **³신임**을 받아, 아버지의 옛 부하들을 다시 모았습니다. 다른 부족 경쟁자들을 하나하나 물리치고, 부족장 회의에서 우두머리로 **⁴등극했지요**. 여러 부족들은 테무친에게 칭기즈 칸이라 불렀습니다. 몽골 민족 전체의 지배자라는 뜻이었어요.

　군대와 정치 조직을 정비한 칭기즈 칸은 중국에 이어 중앙아시아, 페르시아, 캅카스, 러시아, 크림반도, 볼가강 유역의 동유럽까지 차지했습니다. 몽골을 통일한 지 약 20년 만에 유럽과 아시아를 아우르는 대제국을 지배하게 된 거예요.

위인 칭기즈 칸　　**시대** 중세
나라 몽골 제국　　**출생~사망** 1167년경~1227년　　**직업** 왕

54

잠깐! 더 알고 가기

+ **유라시아**

    유럽과 아시아를 아울러 이르는 명칭입니다.

+ **원나라**

    몽골 제국의 제5대 칸이었던 쿠빌라이는 나라 이름을 '원'이라 바꾸었어요.

교과서 속 오늘의 낱말

1 **겨를**   어떤 일을 하다가 생각 등을 다른 데로 돌릴 수 있는 시간적인 여유예요.

2 **고비**   일이 되어 가는 과정에서 가장 중요한 단계나 대목. 또는 막다른 절정을 뜻합니다.

3 **신임**   믿고 일을 맡김. 또는 그 믿음을 의미합니다.

4 **등극하다**   임금의 자리에 오르거나, 어떤 분야에서 가장 높은 자리나 지위에 오른다는 말이에요.

 꼭 알고 가기 **칭기즈 칸**

1. 다음 중 칭기즈 칸의 몽골 제국에 포함되지 <u>않는</u> 곳은 어디인가요?

   ① 동유럽

   ② 중국

   ③ 아프리카

   ④ 러시아

2. 다음 문장에 어울리는 오늘의 낱말을 적으세요.

   할머니께서 다행히 _____ 를 넘기셔서, 우리 가족은 안도의 한숨을 내쉬었습니다.

정답 p. 219

#스물세 번째 위인

논리적으로 신의 존재를 증명하고자 했던
토마스 아퀴나스

여러분들은 신이 있다고 생각하나요? 신이 있는지 잘 모르겠다거나 신이 없다고 생각할 수도 있어요. 습관적으로, 또는 억지로 종교 행사에 ¹**참여하는** 친구도 있을지 몰라요. 눈에 보이지 않고, 과학적으로 ²**증명할** 수 없는 것을 믿으라는 건 어려운 일이니까요.

인간의 이성과 논리로 신이 존재함을 증명하고자 한 사람이 있었어요. 바로 토마스 아퀴나스입니다. 13세기 중세 이탈리아의 귀족 집안 막내로 태어난 토마스는, 대부분의 귀족 아이들과 마찬가지로 ³**수도원**에서 초등 시절을 보냈다고 해요. 산속 고요한 수도원에서 토마스는 읽기와 쓰기를 배우고, 도서관에서 고전을 읽으며 학자가 되고 싶다는 생각을 했어요.

스무 살이 된 토마스는 부모님과 가족들의 반대를 무릅쓰고 도미니크 수도회 ⁴**수도사**의 길에 들어섰습니다. 파리 대학 신학과의 교수가 된 토마스는 연구와 토론 내용을 정리하여 많은 책을 썼습니다. 특히 신의 존재를 논리적으로 ⁵**설득하기** 위한 다섯 가지 증명을 시도했습니다.

위인 토마스 아퀴나스
나라 이탈리아
시대 중세
출생~사망 1225년경~1274년
직업 성직자

잠깐! 더 알고 가기

+ 「신학 대전」
  토마스 아퀴나스의 대표 저서입니다.

+ 토마스 아퀴나스의 신 존재 증명
  다섯 가지 증명 중 두 가지를 살펴봅시다.

① 모든 것은 움직이고 변하는데, 무엇도 스스로는 움직이지 못한다. 그러므로 최초의 움직임으로서 신이 존재한다.

② 모든 것에는 결과에는 원인이 있는데, 무엇도 스스로 원인이 될 수는 없다. 그러므로 최초의 원인으로서 신이 존재한다.

교과서 속 오늘의 낱말

1 **참여하다** 어떤 일에 끼어들어 관계한다는 뜻입니다.

2 **증명하다** 근거를 대어 참인지 거짓인지 밝혀내는 거예요.

3 **수도원** 수사나 수녀가 규율에 따라 공동생활을 하며 수행하는 곳을 말합니다.

4 **수도사** 청빈·정결·순명을 서약하고 독신으로 수도하는 남성입니다.

5 **설득하다** 상대가 따르도록 여러 가지로 깨우쳐 말하는 것입니다.

 꼭 알고 가기 **토마스 아퀴나스**

1. 다음 중 「신학 대전」을 집필한 성직자는 누구인가요?

   ① 마르쿠스 아우렐리우스
   ② 토마스 아퀴나스
   ③ 아르키메데스
   ④ 콘스탄티누스 대제

2. 다음 문장에 어울리는 오늘의 낱말을 적으세요.

   무턱대고 우겨서는 　　　　　 할 수 없어.

   열린 태도로 근거를 대며 상대의 마음을 움직여야지.

정답 p. 219

#스물네 번째 위인

유럽에 처음으로 동양을 소개한
마르코 폴로

마르코 폴로는 ¹**베네치아**의 상인 집안에서 태어났어요. 아버지 니콜로 폴로와 삼촌 마페오 폴로는 콘스탄티노플에서 ²**지중해**를 건너, 몽골을 거쳐 베네치아로 돌아오기까지 긴 여행을 했습니다. 다시 아버지와 삼촌이 중국으로 떠날 계획을 세우자, 마르코 폴로는 함께 가기로 했습니다. 당시 중국은 원나라의 쿠빌라이 칸이 황제로 다스리고 있었고요.

험한 산을 넘고 물을 건너며 원나라 수도 북경에 다다른 마르코 폴로는, 황제를 ³**알현**하고 벼슬을 받아 지냈습니다. 황제의 보호 아래 여기저기 여행하며 ⁴**견문**을 넓히고, 다양한 풍습과 문물을 황제에게 보고했습니다.

20년 만에 유럽으로 돌아온 마르코 폴로는 전쟁 포로로 잡혀 제노바 감옥에 들어갔는데, 함께 죄수로 있던 루스티첼로 작가에게 부탁하여 「동방견문록」을 받아 적게 했어요. 유럽인들은 「동방견문록」을 읽으며 동양에 관심이 높아졌고, 후에 더 많은 탐험가들이 꿈을 키우게 됐답니다.

위인 마르코 폴로　**시대** 중세
나라 이탈리아　**출생~사망** 1254~1324년　**직업** 탐험가

잠깐! 더 알고 가기

+ 「동방견문록」
마르코 폴로의 책은 일본에서 「동방견문록」이란 제목으로 번역하여 우리나라에 소개되었는데, 이탈리아어 원서 제목은 「세계 경이로움의 책」이라는 뜻입니다.

교과서 속 오늘의 낱말

1 **베네치아** 이탈리아 북부 아드리아해 북쪽 해안에 있는 항구 도시예요.

2 **지중해** 유럽, 아시아, 아프리카 세 대륙에 둘러싸인 바다입니다.

3 **알현하다** 지체가 높고 귀한 사람을 찾아가 뵌다는 뜻이에요.

4 **견문** 보고 들음 또는, 보거나 들어 깨달아 얻은 지식을 말해요.

 꼭 알고 가기 **마르코 폴로**

1. 다음 중 마르코 폴로에 대해 <u>틀린</u> 설명을 고르세요.

   ① 상인 집안에서 태어났어요.

   ② 곳곳을 여행하고 견문을 넓혔어요.

   ③ 「동방견문록」을 열심히 썼지만, 당시 유럽인들은 큰 관심을 갖지 않았어요.

   ④ 아버지와 삼촌도 몽골에 다녀온 적이 있었어요.

2. 다음 문장에 어울리는 오늘의 낱말을 적으세요.

   새로운 곳에 가면 그 지역의 미술관, 유적지, 건축물 등을 실제로 보고 느끼며 　　　　　을 넓힌다.

정답 p. 219

#스물다섯 번째 위인

원나라를 멸망시키고 명나라를 세운 홍무제 주원장

원나라 말기 농민 집안에서 태어난 주원장은 ¹**비참한** 어린 시절을 보냈다고 알려져 있어요. 가뜩이나 먹을 것이 부족한데 ²**설상가상** 큰 홍수가 마을을 덮쳤고, 가족들을 모두 잃은 주원장은 절에 들어가 일을 하며 승려로 지냈습니다. ³**기근**이 계속되자 절에서도 나오게 된 주원장은 방방곡곡 다양한 사람들과 여러 상황들을 맞닥뜨리며 생각했습니다.

'이렇게 고생하는데, 왜 계속 힘들기만 한 거야? 문제가 있어!'

원나라 통치자들이 백성들의 힘든 생활을 돌보지 않으니, 농민들은 반란을 일으키기 시작했습니다. 주원장은 홍건적에 ⁴**합류하여** 원나라에 저항하고, 점점 더 많은 군사들을 모아 혁명의 지도자가 되었습니다. 마침내 원나라를 몰아내고 명나라를 세웠지요. 또, 황제로서 '홍무제'라는 이름으로 불리게 되었습니다.

홍무제는 농민들에게 토지를 나눠 주고, 지방 관리의 부패를 막기 위한 엄격한 제도를 세우는 한편, 국방을 튼튼히 했습니다. 주원장의 통치 아래 명나라는 번영의 시기를 맞이한 거예요.

위인 주원장 **시대** 중세
나라 명나라 **출생~사망** 1328~1398년 **직업** 왕

잠깐! 더 알고 가기

+ 홍건적의 난

중국 원나라 말기에, 홍건적과 백련교도가 중심이 되어 일으킨 종교적 농민 반란의 이름입니다. 홍건적 농민 출신인 주원장이 원나라를 물리치고 명나라를 세운 거예요.

교과서 속 오늘의 낱말

1 **비참하다** 더할 수 없이 슬프고 끔찍하다는 말이에요.

2 **설상가상** 눈 위에 서리가 덮인다는 뜻으로, 난처한 일이나 불행한 일이 잇따라 일어남을 뜻하는 사자성어입니다.

3 **기근** 흉년으로 먹을 양식이 모자라 굶주리는 거예요.

4 **합류하다** 일정한 목적을 위하여 다른 사람, 단체, 당파 따위와 하나로 합쳐 행동을 같이함을 가리킵니다.

 꼭 알고 가기 **주원장**

1. 다음 중 명나라 황제로서 주원장을 부르는 명칭은 무엇인가요?

   ① 홍무제
   ② 영락제
   ③ 강희제
   ④ 건륭제

2. 다음 문장에 어울리는 오늘의 낱말을 적으세요.

   휴대폰을 잃어버려서 정신이 없는데, _____ 으로 지갑까지 보이지 않는다.

정답 p. 219

#스물여섯 번째 위인

백 년 전쟁을 승리로 이끈 프랑스의 소녀 전사 잔 다르크

백 년 전쟁은 1338년에 시작해서 1453년에 끝난 전쟁으로 알려져 있습니다. 하지만 백 년 동안 내내 전쟁을 한 것은 아니에요. 유럽을 집어삼킨 ¹흑사병 기간을 포함하여 중간에 전쟁을 멈췄던 시기도 있었지요.

지루한 백 년 전쟁이 이어지던 시기, 프랑스 샹파뉴의 한 마을에서 잔 다르크가 태어났습니다. 열세 살이 된 잔 다르크는 어느 날, 프랑스를 구하고 샤를 왕세자의 ²대관식을 거행시키라는 신의 ³계시를 받았어요.

"군사를 주십시오. 신께서 제게 프랑스를 구하라고 말씀하셨습니다."

왕세자는 잔 다르크의 말을 믿고, 가장 아끼는 말 한 마리와 함께 군사들을 내주었습니다. 잔 다르크가 하얀 ⁴갑옷을 입고 싸움에 나서자, 프랑스군은 용기를 얻었어요.

"신은 우리를 택하셨다. 우리가 이길 것이다!"

잔 다르크의 지휘 아래 프랑스는 백 년 전쟁에서 승리를 거두었습니다. 샤를 왕세자도 성대한 대관식을 올렸고, 잔 다르크가 받은 계시대로 왕이 되었지요.

위인 잔 다르크 **시대** 중세
나라 프랑스 **출생~사망** 1412~1431년 **직업** 장군

잠깐! 더 알고 가기

+ 백 년 전쟁

백여 년 동안 영국과 프랑스가 여러 차례 일으킨 전쟁입니다. 잔 다르크 등의 활약에 힘입어 프랑스의 승리로 끝났지요.

+ 종교 재판

로마 가톨릭교회를 옹호하기 위해 12세기에서 16세기에 행하여진 종교적 재판입니다. 잔 다르크는 신의 계시를 받았다고 주장한 것 때문에 마녀로 몰려, 종교 재판에서 화형을 당해 죽었어요.

교과서 속 오늘의 낱말

1 흑사병 페스트균이 일으키는 급성 전염병입니다. 감염되면 오한, 고열, 두통에 이어 권태, 현기증이 일어나며 의식이 흐려지게 되어 죽게 돼요.

2 대관식 유럽에서, 임금이 즉위한 뒤 처음으로 왕관을 써서 왕위에 올랐음을 일반에게 널리 알리는 의식입니다.

3 계시 사람의 지혜로써는 알 수 없는 진리를 신이 가르쳐 알게 하는 것을 가리켜요.

4 갑옷 예전에, 싸움을 할 때 적의 창검이나 화살을 막기 위하여 입던 옷입니다.

 꼭 알고 가기 **잔 다르크**

1. 다음 중 잔 다르크가 승리로 이끈 프랑스와 영국 사이의 전쟁은?

　① 장미 전쟁

　② 삼십 년 전쟁

　③ 나폴레옹 전쟁

　④ 백 년 전쟁

2. 다음 문장에 어울리는 오늘의 낱말을 적으세요.

　거북선에 올라 _____ 을 입고 칼을 찬 이순신 장군의 모습을 상상해 보자.

정답 p. 219

#스물일곱 번째 위인

인도를 향한 항해 끝에 아메리카 대륙에 도착한 **콜럼버스**

이탈리아에서 태어난 콜럼버스는 마르코 폴로의 「동방견문록」을 읽으며 탐험가의 꿈을 키웠어요. 유럽에서 서쪽으로 배를 몰면 인도에 도착할 수 있다고 생각했고, 인도에 가면 「동방견문록」에 적힌 향신료와 황금을 찾아 큰돈을 벌 수 있을 거라 생각했어요.

머나먼 길을 나서기 위해서는 **¹후원**을 받아야 했습니다. 여러 나라의 왕들에게 도움을 청했고, 그중 스페인의 이사벨라 여왕이 콜럼버스를 지원해 주기로 했어요. 몇 달 후, 한 섬에 닿은 콜럼버스는 그곳이 인도라고 생각했습니다. 실은 인도가 아닌 **²아메리카 대륙**에 도착한 것이었지만요.

하지만 배가 부서지고 상황이 어려워지자, 스페인으로 돌아온 콜럼버스는 자기가 발견한 곳에 황금이 가득하고 땅이 **³비옥하기** 그지없다고 했습니다. 콜럼버스의 이야기는 유럽인들에게 큰 관심을 받았고, 콜럼버스는 **⁴식민지**를 건설하기 위해 또 한 번의 항해를 떠나게 되었습니다.

마지막까지 인도로 가는 뱃길은 찾지 못했지만, 콜럼버스는 이후 아메리카 대륙의 여러 곳을 탐험했습니다.

위인 콜럼버스 **시대** 중세
나라 이탈리아 **출생~사망** 1451~1506년 **직업** 탐험가

잠깐! 더 알고 가기

+ **콜럼버스의 도착이 아메리카 대륙 원주민들에게 끼친 영향**

스페인 사람들이 아메리카 대륙을 식민지로 만들면서, 원주민들의 억울한 죽음이 이어졌습니다. 유럽인들에 의해 아메리카 문명이 파괴되었고, 전염병이 돌았습니다.

교과서 속 오늘의 낱말

1 **후원** — 뒤에서 도와주는 거예요.

2 **아메리카 대륙** — 태평양과 대서양의 경계가 되며, 파나마 운하를 경계로 남아메리카 대륙과 북아메리카 대륙으로 나뉘는 대륙입니다.

3 **비옥하다** — 땅이 양분이 많고 기름지다는 뜻이에요.

4 **식민지** — 정치적·경제적으로 다른 나라에 예속되어 국가로서의 주권을 상실한 나라를 가리킵니다.

 꼭 알고 가기 **콜럼버스**

1. 다음 중 콜럼버스가 도착한 대륙은 어디인가요?

　① 아시아 대륙

　② 아프리카 대륙

　③ 아메리카 대륙

　④ 오세아니아 대륙

2. 다음 문장에 어울리는 오늘의 낱말을 적으세요.

　일제 강점기, 　　　　　　 백성이었던 우리 선조들의 시련과 고초는 말로 다할 수 없었을 것이다.

정답 p. 219

#스물여덟 번째 위인

르네상스를 대표하는 천재
레오나르도 다빈치

유럽의 중세 시대, 천 년 동안 모든 것은 기독교와 신 중심이었습니다. 중세 **¹세계관**에 따르면 인간은 신의 뜻에 따르며 살아가야 하는 존재였지요. 사회적·도덕적 행동이며 예술의 주제에 이르기까지 종교적 가르침이 지배하는 시대였어요.

15세기 무렵, 유럽 사회 전체적으로 변화의 바람이 불었습니다. 신 중심에서 인간과 자연 중심으로 사람들의 생각이 옮겨 가기 시작한 거예요.

다빈치가 활동한 때도 이 시기입니다. 어린 시절부터 수학, 음악, 그림에 재능을 보였다고 하며 피렌체에서 화가의 **²수습생**으로 있을 땐 **³허드렛일**을 하면서도 스승을 금세 능가했습니다.

「모나리자」, 「최후의 만찬」을 그린 화가로서뿐만 아니라, 다빈치는 **⁴천문학**, 해부학, 건축학에서도 다양한 업적을 남겼습니다. 비행 장치를 직접 제작하기도 했으며, 인체의 구조에 관심이 많아 정확한 **⁵해부도**를 그렸지요.

위인 레오나르도 다빈치 **시대** 르네상스
나라 이탈리아 **출생~사망** 1452~1519년 **직업** 화가, 과학자

잠깐! 더 알고 가기

+ **르네상스**

14~16세기에, 이탈리아를 중심으로 하여 유럽 여러 나라에서 문학·미술·건축·자연 과학 등 여러 방면에서 인간성 해방을 위해 일어난 문화 혁신 운동을 가리킵니다.

교과서 속 오늘의 낱말

1 **세계관** 자연과 인간을 아우르는 인생의 의의나 가치에 관해 통일된 견해를 뜻하는 말입니다.

2 **수습생** 실무를 배워 익히면서 일하는 사람이에요.

3 **허드렛일** 중요하지 아니하고 허름한 일을 가리킵니다.

4 **천문학** 우주의 구조, 별의 생성과 진화 등을 전문적으로 연구하는 학문을 말합니다.

5 **해부도** 생물의 내부 구조를 세밀하게 나타낸 그림을 뜻해요.

 꼭 알고 가기 **레오나르도 다빈치**

1\. 다음 중 레오나르도 다빈치의 활동 분야가 아닌 것을 고르세요.

① 천문학

② 미술

③ 심리학

④ 건축학

2\. 다음 문장에 어울리는 오늘의 낱말을 적으세요.

하나를 보면 열을 안다고, _____ 하나를 꼼꼼히 하는 사람이 큰일도 잘 해낸다.

정답 p. 219

67

#스물아홉 번째 위인

조각, 벽화, 건축을 오가며 최고의 작품을 만든
미켈란젤로

여러분은 모두가 반대해도 꼭 하고 싶은 것이 있나요? 누가 뭐라 해도 이루고 싶은 꿈이 있다면, 미켈란젤로를 떠올려 봐요. 수많은 ¹**걸작**으로 유명한 미켈란젤로도 어릴 땐 무조건 공부하라는 소리를 들었고, 심지어 공부 안 하고 그림 그린다고 두들겨 맞기까지 했으니까요.

여섯 살 때 어머니가 세상을 떠나자, 미켈란젤로의 아버지는 아들을 다른 사람에게 맡겼어요. 미켈란젤로는 그림을 좋아하고 잘 그렸지만, 아들이 집안을 ²**일으키길** 바랐던 아버지는 공부만을 강요하며 매를 때리기도 했습니다.

뜻을 꺾지 않고 그림과 조각에 계속 관심을 갖던 미켈란젤로에게, 어느 날 메디치가에서 찾아왔습니다. 메디치 집안의 지원을 받게 된 미켈란젤로는 시스티나 성당에 그린 ³**벽화** 「최후의 심판」, 천장화 「천지 창조」, 조각 작품 「피에타」, 「다비드」 등 오늘날까지 잘 알려진 작품들을 남겼습니다. ⁴**대성당**을 건축하는 일을 감독하기도 했어요.

위인 미켈란젤로　　**시대** 르네상스
나라 이탈리아　　**출생~사망** 1475~1564년　　**직업** 화가, 조각가

잠깐! 더 알고 가기

+ 메디치가

르네상스 시기 이탈리아의 이름 높은 가문입니다. 13세기 말부터 무역과 금융업으로 번성하였고 문화, 예술을 지원해 르네상스에 기여했습니다.

교과서 속 오늘의 낱말

1 **걸작**   매우 훌륭한 작품을 의미해요.

2 **일으키다**   무엇을 기운차게 시작하거나 번성하게 만든다는 뜻입니다.

3 **벽화**   건물이나 동굴, 무덤 등의 벽에 그린 그림이에요.

4 **대성당**   천주교에서, 교구의 중심이 되는 성당을 말합니다.

 꼭 알고 가기   미켈란젤로

1. 다음 중 미켈란젤로의 작품이 <u>아닌</u> 것을 고르세요.

   ① 「다비드」

   ② 「생각하는 사람」

   ③ 「천지 창조」

   ④ 「최후의 심판」

2. 다음 문장에 어울리는 오늘의 낱말을 적으세요.

   노벨 문학상을 받은 한강 작가님의   들을 전 세계에서 주목하고 있다.

정답 p. 219

서른 번째 위인

태평양을 건너 세계 일주를 완성한
마젤란

세계 지도나 지구본에서 우리나라를 찾아본 적 있나요? "여기 있다!" 하고 대한민국을 짚어 내는 데 잠시 시간이 걸릴 만큼, ¹**오대양** ²**육대주**에는 수많은 나라가 있어요. 이 드넓은 세계 한 바퀴 일주를 처음으로 완성한 탐험가가 바로 마젤란입니다.

마르코 폴로와 콜럼버스 이후 유럽의 나라들은 ³**너도나도** 바닷길 개척에 나섰어요. 그중 스페인 왕실은 항해를 잘하기로 알려진 마젤란에게 도움을 청했습니다.

"새 바닷길을 찾아 인도로 가자! 향신료가 우리를 기다린다!"

하지만 서쪽으로 아무리 가도 인도는커녕 드넓은 바다뿐이었어요. 사실 그곳은 태평양이었지요. 기나긴 항해 끝에 마젤란이 도착한 곳은 ⁴**필리핀**이었어요. 마젤란은 필리핀 원주민의 공격에 목숨을 잃었지만, 남은 선원들은 향신료를 싣고 계속 서쪽으로 배를 몰았어요. 결국 서쪽으로 지구를 한 바퀴 돌아 스페인 항구로 돌아가는 데 성공했습니다.

위인 마젤란
나라 포르투갈
시대 르네상스
출생~사망 1480년경~1521년
직업 탐험가

잠깐! 더 알고 가기

+ **바스쿠 다가마**
마젤란과 동시대에 활약한 포르투갈의 항해가입니다. 리스본에서 출발하여 아프리카 남단을 돌아 인도에 도착했습니다.

교과서 속 오늘의 낱말

1 **오대양** 지구를 둘러싸고 있는 다섯 대양으로, 태평양, 대서양, 인도양, 남빙양, 북빙양을 말합니다.

2 **육대주** 지구 위의 여섯 대륙으로, 아시아, 아프리카, 유럽, 오세아니아, 남아메리카, 북아메리카입니다.

3 **너도나도** 서로 뒤지거나 빠지지 않으려고 모두 나서 움직이는 모양새를 나타내요.

4 **필리핀** 서태평양 서쪽에 있는 7,100여 개의 섬으로 이루어진 나라예요.

 꼭 알고 가기 **마젤란**

1. 다음 중 탐험가가 <u>아닌</u> 사람은 누구인가요?

   ① 콜럼버스

   ② 마르코 폴로

   ③ 마젤란

   ④ 잔 다르크

2. 다음 문장에 어울리는 오늘의 낱말을 적으세요.

   홍수 피해를 입은 주민들에게 　　　　　　 도움의 손길을 보내고 있습니다.

정답 p. 219

서른한 번째 위인

종교 개혁을 주장하며
개신교의 한 갈래를 창설한 마르틴 루터

"돈을 내고 면벌부를 사면 죄가 없어지고, 받아야 할 벌이 ¹**면죄된다니**, 받아들일 수 없습니다!"

성직자인 마르틴 루터가 감히 교회의 관습에 반발하자, 엄청난 논란이 생길 수밖에 없었습니다. '면죄부'라고도 하는 면벌부는 중세에 로마 가톨릭 교회가 금전이나 재물을 바친 사람에게 그 죄를 면한다는 뜻으로 발행하던 증서였어요.

결국 마르틴 루터는 ²**파문**을 당했지만, 받아들일 수 없었습니다. 파문을 명령한 교황의 문서를 불태워 버리고, 면벌부를 중심으로 무엇이 문제인지 하나하나 적어 냈지요.

루터는 사람들이 교회의 제도나 성직자의 말씀보다는 성서를 근거로 신앙 생활을 해야 한다고 생각했어요. 이러한 주장은 중세 세계관에 충격을 주었습니다. 결과적으로 본격적인 종교 개혁이 벌어졌고, ³**개신교**가 일어나는 ⁴**계기**가 되었답니다.

위인 마르틴 루터
나라 독일
시대 르네상스
출생~사망 1483~1546년
직업 성직자

잠깐! 더 알고 가기

+ 95개조 반박문

마르틴 루터가 면벌부를 중심으로 한 문제 사항들을 적어 붙인 문서로, '구십오 개조의 의견서'라고도 합니다. 죄는 돈을 내서 없애는 것이 아니라, 진심으로 반성해야 용서받을 수 있다는 주장을 담고 있습니다.

+ 장 칼뱅

루터 이후에 프랑스에서 활동한 종교 개혁가로, 개신교 중에서도 엄격한 청교도 신앙을 강조했습니다.

교과서 속 오늘의 낱말

1 **면죄되다** 지은 죄에서 벗어나게 되는 것을 의미해요.

2 **파문** 신도로서의 자격을 빼앗고 종교에서 내쫓는 거예요.

3 **개신교** 16세기 종교 개혁의 결과로 로마 가톨릭교회에서 떨어져 나와 성립된 종교를 가리킵니다.

4 **계기** 어떤 일이 일어나거나 변화하도록 만드는 결정적인 원인이나 기회입니다.

 꼭 알고 가기 **마르틴 루터**

1. 다음 중 마르틴 루터의 영향으로 일어나게 된 종교를 고르세요.

   ① 이슬람교
   ② 천주교
   ③ 개신교
   ④ 힌두교

2. 다음 문장에 어울리는 오늘의 낱말을 적으세요.

   일요일이면 나는 천주교라 성당에 가고, 내 동생은 _____라 교회에 간다.

p. 219

 #서른두 번째 위인

오스만 제국의 전성기를 이룩한
술레이만 1세

유럽의 중세가 기독교 중심이었다면, ¹**소아시아**의 오스만 제국은 이슬람교를 바탕으로 하고 있었어요.

오스만 제국은 1299년에 오스만 1세가 ²**셀주크 제국**을 무너뜨리고 세운 나라로, 제10대 왕인 술레이만 1세 시기에 가장 발전했답니다. 술레이만 1세는 나라를 다스리는 46년 동안 수많은 전쟁을 치러 승리했어요. 아시아, 유럽, 북아프리카에까지 영토를 넓혔고, ³**해전**에도 능해 지중해를 장악했어요. 국내 정치를 안정시키기 위한 노력도 게을리하지 않았습니다. 봉건 제도를 탄탄히 하고, 교육과 법 제도를 다듬었어요.

또, 술레이만 1세 시기는 오스만 제국 고유의 문화가 꽃핀 때로도 알려져 있습니다. 왕실에서 직접 작가들을 후원했고, 문학, 건축, ⁴**공예** 등 다양한 분야의 예술이 발전했지요.

위인 술레이만 1세　　**시대** 오스만 제국
나라 튀르키예　　**출생~사망** 1494~1566년　　**직업** 왕

잠깐! 더 알고 가기

+ **술탄**
이슬람교국의 군주를 뜻하며, 오스만 제국의 황제를 이르는 말이기도 합니다.

교과서 속 오늘의 낱말

1 **소아시아** 아시아의 서쪽 끝에 있는 흑해, 에게해, 지중해에 둘러싸인 반도. 튀르키예의 대부분을 차지하며, 예로부터 아시아와 유럽을 잇는 중요한 통로였습니다.

2 **셀주크 제국** 1037년에 건국하여 중앙아시아, 서남아시아의 대부분을 차지한 나라예요. 튀르키예 계열 이슬람교도 최초의 통일 국가로, 문화, 예술, 학문이 발달했어요.

3 **해전** 바다에서 벌이는 싸움을 말합니다.

4 **공예** 직물, 염직, 칠기, 도자기 등 일상에 필요한 물건을 만드는 일이에요.

 꼭 알고 가기 **술레이만 1세**

1. 다음 중 술레이만 1세가 다스린 나라는 어디인가요?

    ① 셀주크 제국

    ② 오스만 제국

    ③ 동로마 제국

    ④ 서로마 제국

2. 다음 문장에 어울리는 오늘의 낱말을 적으세요.

    나는 무엇이든 손으로 만드는 게 재미있다.

    그중 액세서리에 관심이 있어, 금속 _____ 작가가 되는 게 꿈이다.

정답 p. 219

스페인 최대의 황금시대를 이룬
펠리페 2세

펠리페 2세는 ¹**신성 로마 제국** 카를 5세의 아들로, 아버지의 뒤를 이어 스페인의 왕위에 올랐습니다.

카를 5세는 신대륙을 포함한 스페인, 독일에 이르는 드넓은 왕국을 이루었고, 영토 대부분을 펠리페 2세에게 ²**고스란히** 물려주었습니다. 포르투갈 왕위까지 상속받으면서 펠리페 2세는 ³**이베리아반도**를 통일하고, 포르투갈의 식민지를 차지하는 등 스페인을 더욱 확장할 수 있었지요.

강력한 함대를 편성한 펠리페 2세는 이슬람 세력인 오스만 튀르크의 공격을 방어했어요. 유럽 안에서는 종교 개혁 사상을 받아들인 영국이나 네덜란드를 막기 위해 노력하고요. 펠리페 2세가 개신교를 배척하고 가톨릭 전통을 지키고 싶어 했음을 알 수 있지요.

하지만 잦은 전쟁으로 국가의 빚이 불어나 ⁴**파산**을 선언하는가 하면, 영국과의 해전에서 패해 ⁵**국력**이 약해지기도 했습니다.

위인 펠리페 2세　　**시대** 르네상스
나라 스페인　　**출생~사망** 1527~1598년　　**직업** 왕

잠깐! 더 알고 가기

+ **무적함대**

펠리페 2세가 영국을 공격하기 위하여 편성한 대함대입니다. 영국 해협을 항해하던 중, 영국 해군의 습격을 받아 패했어요.

교과서 속 오늘의 낱말

1 **신성 로마 제국** 962년 독일의 오토 1세가 로마 교황으로부터 대관을 받은 때부터, 1806년 프란츠 2세가 나폴레옹에 패하여 물러날 때까지 독일 제국을 가리키는 정식 명칭입니다.

2 **고스란히** '건드리지 않아 조금도 축나거나 변하지 않고 그대로 온전한 상태로'를 의미해요.

3 **이베리아반도** 유럽 대륙 서남쪽 끝에 있는 반도입니다.

4 **파산** 재산을 모두 잃고 빚을 갚을 수 없을 때 진행하는 법적 절차입니다.

5 **국력** 한 나라가 지닌 정치, 경제, 문화, 군사 등 모든 방면에서의 힘을 말해요.

 꼭 알고 가기 **펠리페 2세**

1. 다음 중 펠리페 2세의 업적으로 옳은 것을 고르세요.

   ① 나랏빚을 모두 갚았어요.
   ② 종교 개혁에 앞장섰어요.
   ③ 스페인을 더욱 확장했어요.
   ④ 오스만 제국, 영국, 네덜란드와 사이좋게 지냈어요.

2. 다음 문장에 어울리는 오늘의 낱말을 적으세요.

   나는 용돈을 최대한 아껴 쓰고, 나머지는 _____ 저금한다.

정답 p. 219

대영 제국의 기틀을 마련한
엘리자베스 1세

엘리자베스 1세의 아버지 헨리 8세는 결혼을 6번이나 하고 그중 2명의 아내를 죽인 인물이었습니다. 엘리자베스의 어머니 앤 불린은, 딸을 낳았다는 이유로 헨리 8세의 푸대접을 받다 **¹처형**을 당했지요.

헨리 8세가 죽은 후에는 첫 번째 왕비와의 딸이자 엘리자베스의 언니인 메리 1세가 왕이 되었는데, 메리 1세는 엘리자베스를 런던 탑에 가두었고, 사형 선고를 내렸습니다. 그런데 뜻밖에도 메리 1세가 큰 병이 들었는데, 자녀가 없어 엘리자베스가 왕위를 물려받게 되었어요.

많은 위기를 넘기며 **²즉위한** 엘리자베스 1세는 통치 기간 동안 이른바 **³대영 제국**의 기틀을 마련했습니다. 스페인의 무적함대를 물리치며 신대륙 항해의 길을 열었고, **⁴화폐**를 개혁해 물가를 안정시켰지요. 동인도 회사를 설립하여 무역과 식민지 개척에 힘썼으며, 셰익스피어가 활동한 것도 이 시기입니다.

위인 엘리자베스 1세　**시대** 르네상스
나라 영국　　　　　　 **출생~사망** 1533~1603년　**직업** 왕

잠깐! 더 알고 가기

+ **피의 메리**
  메리 1세가 가톨릭의 부활을 위해 개신교도들을 박해하여 얻은 별명입니다.

+ **런던 탑**
  영국 런던의 템스강 북쪽에 있는 건물이에요. 감옥으로 쓰다가 지금은 박물관이 되었어요.

+ **동인도 회사**
  17세기 유럽의 여러 나라들이 동인도에 세운 무역 독점 회사예요.

교과서 속 오늘의 낱말

1 **처형** 형벌을 내림 또는, 사형을 내려 죽이는 것을 뜻합니다.

2 **즉위하다** 임금이 될 사람이 예식을 치른 뒤 임금 자리에 오르는 거예요.

3 **대영 제국** 17세기 이후 영국 본토와 식민지, 보호령 등을 통틀어 이르던 말이에요.

4 **화폐** 상품을 교환하는 기준이 되는 지폐, 동전, 은행권 등의 금전입니다.

퀴즈! 꼭 알고 가기 엘리자베스 1세

1. 다음 중 엘리자베스 1세의 업적이 <u>아닌</u> 것을 고르세요.

   ① 대영 제국의 기틀을 만들었어요.

   ② 스페인의 무적함대를 무찔렀습니다.

   ③ 화폐 개혁으로 물가를 안정시켰어요.

   ④ 아이를 많이 낳았습니다.

2. 다음 문장에 어울리는 오늘의 낱말을 적으세요.

   우리나라의 　　　　　 단위는 ₩ 기호를 쓰는 '원'입니다.

정답 p. 219

#서른다섯 번째 위인

중국에 서양 과학과 천주교를 전파한
마테오 리치

　지금까지 등장한 위인들을 통해 우리는 세계의 주요 종교에 대해서도 알게 되었습니다. 불교, 기독교, 유교, 이슬람교의 ¹**교리**는 서로 다르며 생겨난 시대도, 장소도 모두 다르지요. 따라서 옛날에는 우리나라 사람들이 개신교를 믿거나, 프랑스인이 불교를 따르기는 아마 어려웠을 거예요.

　그런데 지금은 일부 종교의 자유가 없는 나라를 제외한다면, 누구나 여러 종교를 접하고 원하는 대로 믿을 수 있지요. 바로 마테오 리치와 같은 ²**전파자**들이 있었기 때문이랍니다.

　마테오 리치는 이탈리아 사람으로, 명나라에 천주교를 전파하기 위해 들어오게 되었지요. 천주교 신부이자 ³**박학다식**한 학자로서, 종교뿐만 아니라 수학, 천문학, 지리학 등에 능통했습니다. 중국의 관리들과 교류하면서 다양한 서양 학문을 교육하고, 부드러운 태도로 호감을 샀습니다. 천주교를 ⁴**선교할** 때도, 공자나 조상 숭배를 인정하는 등 유교 전통과 융합을 시도하는 방식으로 다가갔지요.

위인 마테오 리치　　**시대** 르네상스
나라 이탈리아　　**출생~사망** 1552~1610년　　**직업** 성직자

잠깐! 더 알고 가기

+ **「천주실의」**
마테오 리치가 중국에 들어가서 쓴 책입니다. 중국의 학자들을 대상으로, 서양 교주와의 질문과 답변 형식을 통해 천주교를 알리고 있어요.

교과서 속 오늘의 낱말

1 **교리**   종교적인 원리나 이치를 말하거나, 각 종교의 종파가 진리라고 규정한 신앙의 체계를 뜻합니다.

2 **전파자**   전하여 널리 퍼뜨리는 사람입니다.

3 **박학다식**   학식이 넓고 아는 것이 많음을 뜻하는 사자성어예요.

4 **선교하다**   종교를 선전하여 널리 편다는 의미예요.

 꼭 알고 가기 **마테오 리치**

1. 다음 중 마테오 리치에 대해 <u>틀린</u> 설명을 고르세요.

　① 다른 종교에 대해서는 모두 배척했습니다.

　② 이탈리아 사람이에요.

　③ 천주교 신부입니다.

　④ 중국에 천주교를 전파했습니다.

2. 다음 문장에 어울리는 오늘의 낱말을 적으세요.

　내 짝꿍은 평소에 책을 많이 읽고, 다방면에 관심이 많아

　　　　　　　하다.

정답 p. 219

서른여섯 번째 위인

영문학 역사상 가장 위대한 작가
셰익스피어

여러분은 하고 싶은 일이 뜻대로 안 되면 어떻게 하나요? 좋아하는 것에 **¹도전했는데**, 생각보다 계획대로 안 되는 경우도 있지요. 그렇다고 바로 포기하고 좌절하긴 일러요. **²대문호**로 꼽히는 셰익스피어조차 여러 다른 직업을 거쳐 작가가 된 거랍니다.

집안 형편이 어려워 일찍 학교를 그만둔 셰익스피어는 원래 배우를 꿈꿨어요. 연극 무대에 서고 싶어 런던으로 떠나, 처음에는 한 극장의 **³마구간**에서 일하게 되었습니다.

배우가 사정이 있는 날 대신 무대에 서곤 했지만 별다른 반응을 얻지 못하자, 방향을 바꾼 셰익스피어는 연극을 직접 쓰고 **⁴연출하는** 쪽으로 공부하기 시작했어요. 틈틈이 **⁵희곡**을 썼는데, 그중 「베니스의 상인」이 인기를 끌며 셰익스피어의 이름이 알려지기 시작했습니다. 이후 4대 비극과 5대 희극을 비롯한 작품들을 집필하고 무대에 올리며 인기를 끌었고, 여러 권의 시집도 썼습니다.

위인 셰익스피어 **시대** 르네상스
나라 영국 **출생~사망** 1564~1616년 **직업** 작가

잠깐! 더 알고 가기

+ 세계 책과 저작권의 날

「돈키호테」의 작가 세르반테스와 셰익스피어는 세상을 떠난 날짜가 4월 23일로 같아요. 이날에서 유래하여 유네스코에서는 4월 23일을 세계 책과 저작권의 날로 지정했습니다.

+ 4대 비극과 5대 희극

셰익스피어의 4대 비극은 「햄릿」, 「리어왕」, 「맥베스」, 「오셀로」, 5대 희극은 「한여름 밤의 꿈」, 「베니스의 상인」, 「말괄량이 길들이기」, 「뜻대로 하세요」, 「십이야」입니다.

교과서 속 오늘의 낱말

1 **도전하다** 어려운 일이나 기록 경신에 맞선다는 뜻이에요.

2 **대문호** 세상에 널리 알려진 매우 뛰어난 작가를 말합니다.

3 **마구간** 말을 기르는 곳입니다.

4 **연출하다** 각본을 바탕으로 배우의 연기, 무대 장치, 의상, 조명, 분장 등의 여러 부분을 종합적으로 지도해 작품을 완성하는 거예요.

5 **희곡** 공연을 목적으로 하는 연극의 대본입니다.

 꼭 알고 가기 **셰익스피어**

1. 다음 중 셰익스피어의 작품이 <u>아닌</u> 것을 고르세요.

   ① 「햄릿」
   ② 「한여름 밤의 꿈」
   ③ 「백조의 호수」
   ④ 「맥베스」

2. 다음 문장에 어울리는 오늘의 낱말을 적으세요.

   _____ 에 큰 말 두 마리가 건초를 먹으며 쉬고 있다.

정답 p. 219

#서른일곱 번째 위인

그래도 지구는 돈다!
갈릴레이

여러분은 당연한 사실조차 설득해야 했던 적 있나요? 아닌 줄 알면서도 억지로 내 뜻과 다르게 말해야 했던 적은 없나요? 그럴 때 너무 화가 나겠지만, 틀린 건 언젠가 ¹**바로잡히게** 되어 있답니다. 갈릴레이가 천동설을 반박하고 지동설을 세웠듯이요.

갈릴레오 갈릴레이는 원래 아버지의 뜻에 따라 의대에 들어갔지만, 수학과 과학에 흥미가 많았습니다. 물체가 떨어질 때 시간이 흐를수록 점점 속도가 빨라지는 규칙을 밝혀냈고, ²**관성의 법칙**을 알아냈어요. 직접 망원경을 만들어 달을 관찰했고, 달이 매끈한 공 모양이 아니라 울퉁불퉁하다는 사실을 발표했어요.

태양계의 중심은 지구가 아니며, ³**지동설**이 옳다고 주장하자, 로마 가톨릭교회는 갈릴레이를 종교 재판에 ⁴**회부했어요**. 그때까지 교회에서는 모든 별과 행성이 지구를 중심으로 돈다고 했거든요. 갈릴레이는 재판에서 교회의 명령에 따라 자신의 생각이 잘못됐다고 말했지만, 퇴장하면서 "그래도 지구는 돈다."라고 말했다고 합니다.

위인 갈릴레이 **시대** 르네상스
나라 이탈리아 **출생~사망** 1564~1642년 **직업** 과학자

잠깐! 더 알고 가기

+ **코페르니쿠스**
  갈릴레이보다 앞서 활동했던 폴란드의 천문학자입니다. 육안으로 천체를 관측하여 지동설을 주장했어요.

+ **천동설**
  우주의 중심은 지구이고, 모든 천체는 지구의 둘레를 돈다는 옛 학설입니다. 오늘날에는 비과학적인 내용임이 밝혀졌어요.

교과서 속 오늘의 낱말

1 **바로잡히다** 잘못된 것이 올바르게 고쳐진다는 뜻이에요.

2 **관성의 법칙** 밖에서부터 힘을 받지 않으면 물체는 정지 또는 일정한 같은 속도의 운동을 계속한다는 법칙입니다.

3 **지동설** 지구가 자전하면서 태양의 주위를 돈다는 이론입니다.

4 **회부하다** 물건이나 사건 등을 돌려보내거나 넘긴다는 의미예요.

 꼭 알고 가기 **갈릴레이**

1. 다음 중 갈릴레이의 업적으로 <u>잘못된</u> 설명을 고르세요.
   ① 물체가 떨어질 때 시간이 흐를수록 점점 속도가 빨라지는 규칙을 밝혀냈어요.
   ② 지구가 자전하면서 태양의 주위를 돈다고 주장했어요.
   ③ 우주의 중심은 지구라고 말했어요.
   ④ 달의 표면이 울퉁불퉁함을 알렸어요.

2. 다음 문장에 어울리는 오늘의 낱말을 적으세요.

   차가 갑자기 섰을 때 몸이 앞으로 쏠리는 현상은 _____ 때문이다.

정답 p. 219

#서른여덟 번째 위인

평화를 위해서는 강한 힘이 필요하다고 주장한
홉스

성선설과 성악설에 대해 기억하나요? 춘추 전국 시대, 공자와 맹자는 성선설을 믿었고 한비자는 성악설을 믿었지요. 르네상스 시대 영국에도 성악설을 강력하게 믿은 철학자가 있었습니다. 바로 토머스 홉스예요.

홉스는 사람은 이기적으로 태어난다고 생각했고, 성장해서 살아가는 과정 또한 끊임없는 **¹투쟁**이라고 했어요. 홉스가 보는 세상은 **²야생**의 정글과 같았고, 사람들은 일단 살아남는 게 먼저였습니다. 그러려면 경쟁자를 눌러야 하니 싸움을 멈출 수 없게 되는 거예요. 그래서 사람들이 서로 해치지 않겠다는 **³계약**을 맺은 것이 법이고, 이를 **⁴강제적**으로 지키도록 하는 것이 국가의 역할이라 생각했어요. 이러한 생각에서 '사회 계약설'이라는 이론이 탄생한 거랍니다.

이기적인 사람들이 계약을 지키고 안전한 사회를 유지해야 하니, 결국 매우 강력한 국가가 필요하다고 보았어요. 홉스의 입장에서 평화를 지키려면, 결국 더 강한 힘이 있어야 했던 거예요.

위인 홉스   **시대** 르네상스
나라 영국   **출생~사망** 1588~1679년   **직업** 사상가

잠깐! 더 알고 가기

+ **「리바이어던」**

홉스가 집필한 「리바이어던」은 원래 성서에 등장하는 괴물의 이름이에요. 홉스는 거대한 리바이어던에 비유할 만큼 강력한 국가가 필요하다고 주장한 것입니다. 국가의 힘이 리바이어던처럼 막강해야, 사람들이 법을 지키고 다 같이 안전하게 살 수 있다고 생각했던 거예요.

교과서 속 오늘의 낱말

1 **투쟁** 어떤 대상을 이기거나 극복하기 위한 싸움이에요.

2 **야생** 산이나 들에서 저절로 나서 자라는 일 또는 그런 생물을 가리킵니다.

3 **계약** 관련되는 사람이나 단체 사이에서 서로 지켜야 할 의무에 대하여 글이나 말로 정해 두는 일입니다. 또는 그러한 약속을 가리키기도 해요.

4 **강제적** 권력이나 위력으로 남의 자유의사를 억눌러 원하지 않는 일을 억지로 시키는 거예요.

 꼭 알고 가기

1. **다음 중 홉스의 사상으로 알맞은 것을 고르세요.**

   ① 알고 보면 사람은 다 착하다.

   ② 이기적인 사람들이 싸우지 않고 함께 살기 위해서는 강한 국가의 힘이 필요하다.

   ③ 사람들에게 도덕을 가르쳐 선한 마음을 갖도록 이끌어야 한다.

   ④ 사람은 이기적으로 태어나지만, 성장하면서 교정된다.

2. **다음 문장에 어울리는 오늘의 낱말을 적으세요.**

   우리나라의 비무장 지대는 [   ] 동식물의 천국이다.

정답 p. 219

#서른아홉 번째 위인

무굴 제국의 발전을 이끈
샤자한

　16세기, 아시아 대륙의 인도는 이슬람 왕조가 통치하고 있었습니다. 바로 19세기 중반까지 이어진 무굴 제국이에요. 제5대 왕 샤자한은 무굴 제국의 ¹**전성기**를 이끈 통치자로 알려져 있습니다.

　샤자한은 왕자 시절부터 폭넓은 지식과 ²**교양**을 쌓았어요. 전쟁에 직접 참여하고, 군사 시설을 짓는 데 관심을 보였지요. 왕위에 오른 후에는 주위 다른 왕국을 굴복시키고 침입 세력을 물리치며 영토를 넓혔습니다. 멀리 떨어진 도시 사이에 도로를 놓아 오가도록 했으며, 이슬람 신앙에 충실하면서도 ³**힌두교**와 절충 정책을 펼쳐 두루 지지를 받았습니다.

　샤자한의 ⁴**재위** 기간 동안 무굴 제국의 예술과 건축도 크게 발달하였습니다. 이슬람교 ⁵**사원**을 비롯한 아름다운 건축물이 많이 지어졌고, 그중 대부분이 오늘날 세계 문화유산으로 지정되어 있지요. 대표적인 건축물이 바로 타지마할입니다.

위인 샤자한　　**시대** 무굴 제국
나라 인도　　**출생~사망** 1592~1666년　　**직업** 왕

잠깐! 더 알고 가기

+ **타지마할**

아내 뭄타즈 마할이 세상을 떠나자, 추모의 마음을 담아 샤자한이 지은 궁전 형식의 묘지입니다.
인도 이슬람 건축을 대표하는 아름다움과 화려함을 자랑합니다.

교과서 속 오늘의 낱말

1 **전성기** 형세나 세력 등이 한창 왕성한 시기를 말합니다.

2 **교양** 학문, 지식, 사회생활을 바탕으로 이루어지는 품위 또는, 문화에 대한 폭넓은 지식을 가리켜요.

3 **힌두교** 인도의 토착 신앙과 브라만교가 융합한 종교입니다.

4 **재위** 임금의 자리에 있음 또는, 그런 동안을 의미해요.

5 **사원** 종교 신자들이 모여서 예배를 드리거나 종교를 전파하는 활동을 하는 곳을 의미합니다.

퀴즈! 꼭 알고 가기 샤자한

1. 다음 중 샤자한이 아내가 세상을 떠나자 궁전 형식으로 지은 묘지 건축물은 무엇인가요?

   ① 피라미드

   ② 타지마할

   ③ 만리장성

   ④ 병마용 갱

2. 다음 문장에 어울리는 오늘의 낱말을 적으세요.

   세종 대왕의 _____ 기간은 1418년에서 1450년까지입니다.

정답 p. 219

#마흔 번째 위인

절대 왕권을 누린
태양왕 루이 14세

중세 시대가 저물어 가며, 신의 말씀보다 사람들의 현실이 중요해졌습니다. ¹**민족의식**이 싹트기 시작했고, 성직자의 권위보다 왕의 힘이 강해졌지요. 그중에서도 '피와 살을 가진 신'이라 불리며 태양을 자신의 상징으로 삼고, "짐이 곧 국가다."라고 말할 만큼 ²**막강한** 권력을 휘두른 왕이 바로 프랑스의 루이 14세입니다.

루이 14세는 열 살도 되기 전에 왕이 되었고, 어머니와 재상의 도움을 받아 정치를 시작했지만 귀족들은 어린 왕에게 반기를 들었습니다. ³**피신**을 다니며 반란 세력들에게 눈물로 ⁴**호소하는** 어머니를 보며 루이 14세는 생각했습니다.

'언젠가 반드시, 아무도 내게 도전하지 못하도록 하리라!'

스스로 나라를 다스리게 된 루이 14세는 식민지를 넓히고 상업을 키웠습니다. 나라 살림이 넉넉해지니 문화 수준이 높아졌고, 프랑스는 크게 발전하게 되었지요.

위인 루이 14세 **시대** 르네상스
나라 프랑스 **출생~사망** 1638~1715년 **직업** 왕

잠깐! 더 알고 가기

+ 왕권신수설

국왕의 권리는 신에게서 받은 절대적인 것이라는 주장입니다. 루이 14세는 왕권신수설을 적극적으로 활용해 자신의 권력을 강화했어요.

+ 절대 왕권의 뒷모습

왕의 강력함을 보여 주기 위해 루이 14세는 거대한 베르사유 궁전을 짓고 사치를 부렸어요. 왕과 귀족들은 밤낮없이 파티를 여는 반면 백성들의 삶은 힘들어져 갔지요.

교과서 속 오늘의 낱말

1 **민족의식** 자기 민족의 존엄과 권리를 지키고, 민족의 단결과 발전을 꾀하려는 의지나 감정을 말합니다.

2 **막강하다** 더할 수 없이 세다는 뜻이에요.

3 **피신** 위험을 피하여 몸을 숨기는 거예요.

4 **호소하다** 억울하거나 딱한 사정을 남에게 간곡히 알린다는 의미입니다.

 꼭 알고 가기 **루이 14세**

1. 다음 중 루이 14세와 어울리지 <u>않는</u> 말을 고르세요.

   ① 피와 살을 가진 신

   ② 태양왕

   ③ 짐이 곧 국가다.

   ④ 너 자신을 알라.

2. 다음 문장에 어울리는 오늘의 낱말을 적으세요.

   전쟁이 났다는 소식에 마을 사람들은 _____ 할 곳을 찾아 모두 떠났습니다.

정답 p. 219

근세

 뉴턴
 강희제
 표트르 대제
 바흐

볼테르 **루소** **애덤 스미스** **조지 워싱턴**

#마흔한 번째 위인

궁금한 건 끝까지 파고들던
뉴턴

바람 솔솔 부는 날, 나무 그늘 아래에 누워 있다고 상상해 볼까요? 나무에서 사과 한 알이 툭 떨어진다면 어떨까요? 그 사과가 내 눈앞에서 ¹**데굴데굴** 굴러간다면 어떤 생각이 들 것 같나요?

뉴턴은 사과를 보며 생각했습니다.

'왜 저 사과는 밑으로 똑바르게 떨어진 걸까? 왜 ²**공중**에 떠 있거나 하늘로 날아가지는 않은 걸까? 분명히 이유가 있을 텐데 말이야.'

이렇듯 뉴턴은 ³**무심히** 넘길 수도 있는 현상 하나에도 의문을 가졌고, 궁금증이 풀릴 때까지 깊이 탐구했어요.

결국 사과 한 알에서 시작해 만유인력의 법칙을 발견했고, 운동의 세 가지 법칙까지 정리해서 이론을 만들었습니다. 뉴턴이 밝힌 법칙들을 통해 지동설이 옳다는 사실이 증명되었고, 우주에서 발생하는 여러 ⁴**천체** 운동을 설명할 수 있게 되었습니다.

위인 뉴턴 **시대** 근세
나라 영국 **출생~사망** 1642~1727년 **직업** 과학자

잠깐! 더 알고 가기

+ **뉴턴의 운동 법칙**

  뉴턴이 정리한 세 가지 운동 법칙은 관성의 법칙, 가속도의 법칙, 작용 반작용의 법칙이에요.

교과서 속 오늘의 낱말

1 **데굴데굴** 큰 물건이 계속 구르는 모양을 말합니다.

2 **공중** 하늘과 땅 사이의 빈 곳을 가리켜요.

3 **무심히** 아무런 생각이나 감정 등이 없이, 남의 일에 걱정하거나 관심을 두지 않는 태도를 말해요.

4 **천체** 우주에 존재하는 모든 물체입니다.

 **퀴즈!** 꼭 알고 가기 **뉴턴**

1. 다음 중 뉴턴의 운동 법칙이 <u>아닌</u> 것을 고르세요.

   ① 작용 반작용의 법칙

   ② 가속도의 법칙

   ③ 질량 보존의 법칙

   ④ 관성의 법칙

2. 다음 문장에 어울리는 오늘의 낱말을 적으세요.

   잔디밭에서 신나게 공을 차고, 강아지와 구르며 놀았다.

정답 p. 220

#마흔두 번째 위인

백성들을 감동시킨 통치자
강희제

오늘은 중국의 마지막 왕조 청나라로 가 볼게요.

청나라는 여진족의 누르하치가 세운 후금국을 기반으로 하며, ¹**국호**인 청은 누르하치의 아들 태종이 바꾼 것입니다. 제4대 왕 강희제는 청나라 사회의 기초를 마련한 군주로, 60년이 넘는 재위 기간 동안 많은 사람들이 ²**칭송하는** 통치자였습니다.

대만과 몽골을 정복하고, 러시아와의 국경을 안정시켰습니다. ³**제방**을 쌓아 ⁴**범람**을 방지했고, 중국 내 이민족들에 대한 차별을 없애기 위해서도 노력했습니다. 유교 경전뿐만 아니라 서양 학문도 열심히 공부했습니다.

그러면서도 언제나 더 살펴봐야 할 일은 없는지, 자기가 미처 모르고 있는 건 없는지 늘 주의를 기울였습니다. 나라가 안정된 후에도 어떻게 하면 백성들에게 더 도움이 될지 끊임없이 고민하는 지도자였지요.

위인 강희제 **시대** 근세
나라 청나라 **출생~사망** 1654~1722년 **직업** 왕

잠깐! 더 알고 가기

+ 청나라의 전성기

강희제가 청나라의 기초를 탄탄하게 확립하여, 아들 옹정제와 손자 건륭제 통치 기간까지 청나라의 전성기가 이어졌습니다.

+ 네르친스크 조약

1689년에 네르친스크에서 청나라와 러시아가 체결한 국경 확정 조약입니다.

교과서 속 오늘의 낱말

1 **국호**   나라의 이름을 뜻합니다.

2 **칭송하다**   칭찬하여 일컫는다는 의미입니다.

3 **제방**   물가에 흙이나 돌, 콘크리트 따위로 쌓은 둑이에요.

4 **범람**   큰물이 흘러넘치는 거예요.

 꼭 알고 가기 **강희제**

1. 다음 중 다스린 나라가 다른 왕을 고르세요.

    ① 진시황

    ② 옹정제

    ③ 건륭제

    ④ 강희제

2. 다음 문장에 어울리는 오늘의 낱말을 적으세요.

    장마철에는 하천의   에 유의하여 대비해야 한다.

정답 p. 220

#마흔세 번째 위인

과감한 개혁 정책으로 러시아의 근대화를 이끈
표트르 대제

17세기 후반, 러시아는 갈등과 다툼으로 들끓고 있었어요. 왕족과 귀족 간, 교회와 국가 간 ¹**힘겨루기** 사이에서 백성들은 한숨을 쉴 뿐이었지요. 나라를 지켜야 할 군인들은 ²**호시탐탐** 정치에 간섭하려 했고요. 당시 러시아는 서유럽에 비해 뒤처져 있었지만, 높은 사람들은 기득권이 사라질까 봐 오히려 발전을 원하지 않았습니다.

표트르 대제는 러시아를 완전히 뒤집어 바꾸기로 했습니다. 그러려면 다른 나라들은 어떻게 통치하는지 알아야 하니, 직접 가서 보고 듣고 느끼기로 했지요.

표트르 대제는 스웨덴과 프로이센, 독일, 네덜란드, 영국까지 순방하며 많은 것을 배웠습니다. ³**천문대**, 의회, 대학, 배 만드는 곳, 군사 훈련 현장을 두루 살펴보며 개혁의 의지를 다진 거예요.

러시아로 돌아온 표트르 대제는 수도를 옮기고, ⁴**함대**를 만들었습니다. 기술 학교, 군사 학교, 종교 학교를 설립했고 러시아어 교육과 외국어 교육에도 힘썼습니다.

위인 표트르 대제 **시대** 근세
나라 제정 러시아 **출생~사망** 1672~1725년 **직업** 왕

잠깐! 더 알고 가기

+ **상트페테르부르크**

  러시아 서북부, 발트해 연안에 있는 도시로, 1703년 표트르 대제가 '유럽으로 난 창문'으로 건설했습니다.

+ **표트르 대제의 개혁에 따른 부작용**

  표트르 대제는 서유럽의 앞선 군대, 제도, 산업, 교육은 따라 했어요. 하지만 다양한 생각과 사상은 용납하지 않았고, 신분 제도는 중세 그대로 유지했어요. 또, 그동안의 러시아 전통을 하루아침에 갖다 버리고 무조건 유럽식만 따르라는 정책에 반발도 많았습니다.

교과서 속 오늘의 낱말

1 **힘겨루기** 승부를 위하여 힘이나 세력을 보여 주거나 확장하려고 서로 버티는 일입니다.

2 **호시탐탐** 남의 것을 빼앗기 위하여 가만히 기회를 엿보는 일 또는, 그런 모양을 뜻하는 사자성어예요.

3 **천문대** 천문 현상을 관측하고 연구하기 위하여 설치한 시설이나 기관입니다.

4 **함대** 바다나 대양에서 전략 및 작전 임무를 수행하는 해군의 연합 부대예요.

퀴즈! 꼭 알고 가기 표트르 대제

1. 다음 중 표트르 대제의 업적으로 잘못된 설명을 고르세요.

   ① 상트페테르부르크를 건설했습니다.

   ② 러시아 전통을 강화하고 수호했습니다.

   ③ 함대를 만들었습니다.

   ④ 학교를 설립하고 교육에 힘썼습니다.

2. 다음 문장에 어울리는 오늘의 낱말을 적으세요.

   물가의 개구리가 풀잎에 앉은 잠자리를 잡아먹으려 노린다.

정답 p. 220

#마흔네 번째 위인

서양 음악의 아버지
바흐

바흐는 독일의 음악가 집안에서 태어났어요. 바흐의 집안은 약 200년에 걸쳐 80명 이상의 음악가를 ¹**배출한** 유명한 음악 가문이었지요. 자연스럽게 바흐는 각종 악기를 다루며 자랐고, 학교에서 다양한 음악을 접했어요.

바흐의 첫 음악 활동은 교회의 연주자로 일한 것이었습니다. ²**오르간** 연주법과 작곡을 배우며, 당대 알려진 음악가들의 곡을 연구했어요. 유명한 연주자의 음악을 듣기 위해 먼 곳까지 찾아다니고, 여러 도시를 옮겨 다니며 작곡, 지휘, 연주를 했습니다.

큰 도시로 옮긴 바흐는 ³**교회 음악**을 작곡하고 연주하는 감독이 되었습니다. 예수의 고난을 주제로 한 수난곡을 비롯해 최고의 교회 음악들을 썼으며, 궁에서 음악을 연주하고 지휘하는 일까지 맡게 되었습니다.

평생토록 음악에 ⁴**매진한** 바흐는 천 곡이 넘는 음악을 만들었는데, 이 음악들은 다음 세대 음악가들에게 큰 영향을 끼쳤어요. 그래서 바흐가 '음악의 아버지'라 불리는 거랍니다.

위인 바흐
나라 독일
시대 근세
출생~사망 1685~1750년
직업 음악가

잠깐! 더 알고 가기

+ **헨델**

바흐와 비슷한 시기에 활동한 헨델은 '음악의 어머니'로 불려요. 헨델은 오페라와 종교 합창곡 「메시아」로 잘 알려져 있습니다.

교과서 속 오늘의 낱말

1. **배출하다** 어떤 환경이나 상황의 영향으로 어떤 인물이 나타나도록 한다는 뜻입니다.

2. **오르간** 파이프 오르간, 리드 오르간 등을 통틀어 이르는 말입니다. 본래는 교회용으로 발달한 파이프 오르간을 뜻해요.

3. **교회 음악** 기독교와 관계있는 성악이나 기악을 통틀어 가리키는 말입니다. 미사곡, 찬송가, 오라토리오, 수난곡 등이 있어요.

4. **매진하다** 어떤 일을 전심전력을 다하여 해 나간다는 뜻이에요.

 꼭 알고 가기 **바흐**

1. 다음 중 바흐의 생애와 업적에 대해 <u>잘못된</u> 설명을 고르세요.

   ① 궁에서 음악을 작곡하고 연주하는 일도 했어요.
   ② 천 곡이 넘는 음악을 작곡했어요.
   ③ 바흐의 가족들은 음악을 좋아하지 않았어요.
   ④ 다음 세대 음악가들에게 많은 영향을 끼쳤어요.

2. 다음 문장에 어울리는 오늘의 낱말을 적으세요.

   성당에 울려 퍼지는 파이프 _____ 소리가 무척 장엄하다.

정답 p. 220

#마흔다섯 번째 위인

폭력에 맞서 자유를 주장한 투사
볼테르

파리에서 태어난 볼테르는 어릴 때부터 글재주가 있어 작가가 되고 싶어 했지만, 아버지는 ¹**법률가**가 되기를 강요했어요. 게다가 신앙을 강조하는 학교에서 공부해야만 했지요. 그렇다고 뜻을 꺾을 볼테르가 아니었습니다. 신의 존재에 의문을 제기하고, 교회를 비판하고 ²**조롱하기**까지 했어요. 귀족에게 말대꾸를 하다 영국으로 추방되기도 했는데, 오히려 볼테르가 한층 더 ³**각성하는** 계기가 되었습니다. 영국의 의회와 언론이 왕실을 자유롭게 비판하는 모습에 충격을 받은 것이지요.

이후 프랑스로 돌아왔다가, 다시 방랑과 은둔을 거치며 볼테르는 조용히 살고 싶어 했던 적도 있습니다. 하지만 부조리에 맞서고자 하는 수많은 사람들이 볼테르를 따랐고, 파리로 돌아온 볼테르는 자유를 향한 도전을 계속했습니다.

이처럼 근대에 가까워질수록, 기존의 권위주의적 제도와 질서에 대한 반감은 점점 커졌습니다. 사람들은 자유롭게 생각하고 토론하고 싶어 했으며, ⁴**특권층**만 혜택을 누리는 건 부당하다고 외친 것입니다. 바로 볼테르처럼요.

위인 볼테르 **시대** 근세
나라 프랑스 **출생~사망** 1694~1778년 **직업** 사상가

잠깐! 더 알고 가기

+ 빅토르 위고가 말하길

이탈리아에 르네상스가 있고, 독일에 종교 개혁이 있다면, 프랑스에는 볼테르가 있다고 했어요. 그만큼 볼테르의 사상은 진보적이고 개혁적이었던 거예요.

교과서 속 오늘의 낱말

1 **법률가** 법률을 연구하여 법률의 해석, 제도, 적용 등에 종사하는 전문가예요.

2 **조롱하다** 비웃거나 깔보면서 놀린다는 뜻입니다.

3 **각성하다** 깨어 정신을 차리다 또는, 무언가를 깨달아 안다는 의미예요.

4 **특권층** 사회적으로 특권을 누리는 신분이나 계급. 또는 그런 사람들을 말합니다.

꼭 알고 가기 볼테르

1. 다음 중 볼테르에 대해 <u>잘못된</u> 내용을 고르세요.

   ① 영국 의회와 언론의 모습에 신선한 충격을 받았어요.
   ② 자유롭게 생각하고 토론하고 싶어 하는 사람들이 볼테르를 따랐어요.
   ③ 신앙심이 깊어 평생 하나님을 믿었어요.
   ④ 어릴 때부터 글쓰기를 잘했어요.

2. 다음 문장에 어울리는 오늘의 낱말을 적으세요.

   세상을 더 좋게 바꿀 수 있는 힘은 　　　　　 에만 있지 않다. 우리 한 명 한 명의 생각과 행동에 있다.

   정답 p. 220

#마흔여섯 번째 위인

평등을 주장한 계몽주의 사상가
루소

어머니가 돌아가시고 아버지는 집을 나가 버리는 등 무척 힘든 어린 시절을 보내던 루소는, 바랑 부인의 후원 덕분에 공부를 할 수 있었습니다. 파리에서 1**논문**을 쓰며 사상가로 인정받기 시작한 루소는 자신의 생각을 책으로 써내기 시작했습니다.

자연에서 평등했던 사람들이 어떻게 불평등하게 되었는지 분석한 「인간 불평등 기원론」, 바람직한 사회 모습을 보여 주는 「사회 계약론」, 소설 형식의 교육서 「에밀」을 썼고, 「고백론」이라는 이름으로 2**자서전**도 냈습니다. 완성하지 못했지만 「고독한 산책자의 몽상」이라는 회고록도 썼지요.

우리는 모두 법 앞에 3**평등하고**, 차별을 받지 않을 권리가 있다는 점을 잘 알고 있습니다. 하지만 신분이 낮은 사람은 부당한 4**대우**를 받아도 그저 참을 수밖에 없었던 시기가 훨씬 길었답니다. 그런 와중에도 루소처럼 목소리를 내고, 맞서 싸운 사람들이 있었기에 지금 더 많은 사람들이 평등하게 살 수 있는 거예요.

위인 루소
나라 프랑스
시대 근세
출생~사망 1712~1778년
직업 사상가

잠깐! 더 알고 가기

+ 프랑스 혁명

루소의 사상은 왕과 귀족들뿐만 아니라 모든 사람이 평등하게 권리를 누려야 한다는 생각을 퍼뜨렸습니다. 후에 프랑스 혁명이 일어나고 민주주의가 발전하는 데 루소의 사상이 많은 영향을 주었다고 평가받고 있지요.

교과서 속 오늘의 낱말

1 논문   어떤 것에 관하여 체계적으로 자기 의견이나 주장을 적은 글, 어떤 문제에 대한 학술적인 연구 결과를 체계적으로 적은 글을 말합니다.

2 자서전   작자 자신의 일생을 소재로 스스로 짓거나, 남에게 쓰도록 한 책이에요.

3 평등하다   권리, 의무, 자격 등이 차별 없이 고르고 한결같다는 뜻입니다.

4 대우   사회적 관계나 태도로 대하는 일을 가리켜요.

 **꼭 알고 가기 루소**

1. 다음 중 루소가 지은 책이 <u>아닌</u> 것을 고르세요.

   ① 「인간 불평등 기원론」

   ② 「에밀」

   ③ 「명상록」

   ④ 「사회 계약론」

2. 다음 문장에 어울리는 오늘의 낱말을 적으세요.

   「헬렌 켈러 _____」은 몇 번을 읽어도 생생한 감동과 교훈이 느껴진다.

p. 220

#마흔일곱 번째 위인

경제학의 아버지로 불리는
애덤 스미스

여러분은 어떻게 돈을 쓰나요? 돈을 어디에, 어떻게 주로 쓰는지는 ¹**가지각색**일 것 같아요.

하지만 하루라도 ²**지출**이 없는 날은 드물 거예요. 나의 용돈을 쓰지 않는 날에도, 어른들이 산 식량, 수돗물, 전기, ³**연료** 등을 같이 쓰고 있는 거니까요. 어른들도 다양한 방법으로 돈을 마련해서 생활하는 데 쓰고, 어린이들에게 용돈을 주며, 저축도 하는 거랍니다. 이와 같이 필요한 돈을 벌고 쓰며 나누는 등의 모든 과정을 경제 활동이라고 해요.

애덤 스미스는 이러한 경제 활동이 어떤 원리로 이루어지는지 연구한 학자예요. 사람들의 ⁴**본성**은 이기적이고, 그 본성이 경제 활동의 가장 중요한 동기라고 생각했지요. 제한을 두지 않고 이기적 본성에 그저 맡겨 두면, 자연스러운 질서가 효과를 발휘해 조화로운 경제 활동이 꽃필 거라고 생각했답니다.

위인 애덤 스미스　　**시대** 근세
나라 영국　　**출생~사망** 1723~1790년　　**직업** 경제학자

잠깐! 더 알고 가기

+ 보이지 않는 손

애덤 스미스는 정부나 기관의 규제 없이도 시장이 스스로 통제된다고 생각했습니다. 이를 비유하는 말이 '보이지 않는 손'입니다.

교과서 속 오늘의 낱말

1 **가지각색** 　모양이나 성질 등이 서로 다른 여러 가지임을 가리킵니다.

2 **지출** 　어떤 목적을 위하여 돈을 지급하는 일이에요.

3 **연료** 　연소하여 열, 빛, 동력의 에너지를 얻을 수 있는 물질입니다. 석탄, 숯, 휘발유, 도시가스 등이 있어요.

4 **본성** 　사람이 본디부터 가진 성질을 말합니다.

 꼭 알고 가기 **애덤 스미스**

1. 다음 중 애덤 스미스의 주장과 통하는 설명을 고르세요.
   ① 경제 활동은 정부와 기관에서 꼼꼼히 규제해야 한다.
   ② 이기적인 사람들에게 맡겨 두었다가는 경제에 문제가 생긴다.
   ③ 인간의 본성은 이타적이다.
   ④ 사람들의 경제 활동은 본성에 따르면 저절로 조화로워진다.

2. 다음 문장에 어울리는 오늘의 낱말을 적으세요.

   발명 경진 대회에 　　　　　　　　의 재미있는 아이디어가 가득하다.

정답 p. 220

#마흔여덟 번째 위인

미국의 첫 대통령
조지 워싱턴

콜럼버스가 아메리카 대륙에 도착한 이후, 유럽의 여러 나라들은 원래 살던 주민들을 쫓아내고 식민지로 삼았습니다. 그중 영국은 아메리카 대륙 중 동부 해안의 13개 지역을 다스렸습니다. 워싱턴의 집안은 [1]**증조할아버지** 때 영국에서 미국 버지니아주로 건너와 [2]**정착해** 살았지요.

군인이 된 워싱턴은 버지니아 군대에 소속되어 프렌치·인디언 전쟁에 [3]**참전했습니다.** 지휘관으로서 전쟁을 이끌며 영국군의 장단점을 파악할 수 있었지요.

한편 영국이 13개 식민지에 자꾸만 세금을 늘리자, 식민지 대표들은 영국과 전쟁을 치러 독립하기로 했습니다. 이때, 전투 경험이 있는 워싱턴이 독립군의 대장으로 [4]**추대되었고**, 전쟁에서 승리를 거두었습니다.

미국을 세우는 데 큰 공을 세운 워싱턴은 선거인들의 [5]**만장일치**로 대통령에 당선되었습니다. 새로운 정부를 만들고, 제도를 정비하며 한 나라가 서는 데 필요한 일을 차근차근 해 나갔어요. 두 번의 임기를 마친 후에는 고향으로 돌아가 여생을 보냈습니다.

위인 조지 워싱턴　　**시대** 근세
나라 미국　　**출생~사망** 1732~1799년　　**직업** 대통령

108

잠깐! 더 알고 가기

+ 존경받는 대통령 워싱턴

미국의 1달러 지폐에는 워싱턴의 얼굴이 그려져 있습니다. 미국의 수도 워싱턴 D.C.는 워싱턴의 이름을 딴 것이고요. 러시모어산의 암벽에는 미국의 뛰어난 대통령 네 명의 얼굴을 새겨 놓았는데, 그중 한 사람이 워싱턴이지요.

+ 프렌치·인디언 전쟁

1754년부터 1763년까지 영국과 프랑스가 북아메리카에서 벌인 싸움입니다. 프랑스가 인디언 부족과 동맹하여 영국의 식민지를 공격했어요.

교과서 속 오늘의 낱말

1 **증조할아버지** 아버지의 할아버지 또는, 할아버지의 아버지를 이르는 말이에요.

2 **정착하다** 일정한 곳에 자리를 잡아 붙박이로 있거나 머물러 산다는 뜻이에요.

3 **참전하다** 전쟁에 참가한다는 의미입니다.

4 **추대되다** 윗사람으로 떠받들어지는 거예요.

5 **만장일치** 모든 사람의 의견이 같음을 뜻합니다.

퀴즈! 꼭 알고 가기 조지 워싱턴

1. 다음 중 조지 워싱턴에 대해 <u>틀린</u> 설명을 고르세요.

   ① 미국의 초대 대통령이에요.
   ② 장기 집권을 위해 독재를 시도했어요.
   ③ 군인 출신이에요.
   ④ 미국인들에게 존경받는 대통령으로 꼽혀요.

2. 다음 문장에 어울리는 오늘의 낱말을 적으세요.

   난 기억 못하지만, 아기였을 때  께서 나를 무척 귀여워하셨다고 한다.

 p. 220

#근대

 제임스 와트
 괴테
 모차르트
 나폴레옹
 베토벤

 슈베르트
 빅토르 위고
 안데르센
 링컨
 다윈

#마흔아홉 번째 위인

증기 기관을 완성하여
산업 혁명 시대를 연 제임스 와트

　프랑스 혁명이 일어날 무렵, 영국에서는 양털로 짠 옷 대신 값싸고 빨아 입기 편한 면 옷을 찾는 사람들이 늘어나고 있었어요. 그런데, 집에서 [1]**손수** 옷을 만들어 파는 속도로는 [2]**수요**를 따라갈 수 없는 상황이었답니다. 이때 문제를 해결한 것이 바로 와트가 만든 증기 기관이었습니다.

　"증기 기관 덕분에, 이제 사람이 일일이 손으로 실을 뽑아 천을 짜지 않아도 돼요!"

　와트는 기계공으로 일했는데, 그때까지 있던 증기 기관의 단점을 [3]**보완해서** 와트식 증기 기관을 만든 거예요.

　증기 기관을 이용한 기계로 물건의 생산이 빨라졌고, 증기 기관을 단 배와 기차가 다녔습니다. 증기 기관을 돌리기 위해서 [4]**화석 연료** 사용이 늘어났습니다. 공장이 생기고, 도시가 커졌지요. 바로 산업 혁명의 시대가 시작된 것입니다.

위인 제임스 와트　　**시대** 근대
나라 영국　　**출생~사망** 1736~1819년　　**직업** 발명가

잠깐! 더 알고 가기

+ 산업 혁명

18세기 후반부터 약 100년 동안 유럽에서 일어난 생산 기술과 그에 따른 사회 조직의 큰 변화를 가리킵니다. 영국에서 실 만드는 기계를 개량한 사건에서 출발했어요.

교과서 속 오늘의 낱말

1 **손수**   남의 힘을 빌리지 아니하고 제 손으로 직접 함을 말합니다.

2 **수요**   무엇을 일정한 가격으로 사려고 하는 욕구를 의미합니다.

3 **보완하다**   모자라거나 부족한 것을 보충하여 완전하게 한다는 뜻이에요.

4 **화석 연료**   지질 시대에 생물이 땅속에 묻히어 화석같이 굳어져 오늘날 연료로 이용하는 물질을 말하며, 석탄 등이 있습니다.

퀴즈! 꼭 알고 가기 제임스 와트

1. 다음 중 와트의 증기 기관 완성으로 일어난 혁명의 이름은 무엇인가요?

   ① 4·19 혁명

   ② 프랑스 혁명

   ③ 명예 혁명

   ④ 산업 혁명

2. 다음 문장에 어울리는 오늘의 낱말을 적으세요.

   이 모자는 내가 뜨개를 배워   짠 것이다.

 p. 220

쉰 번째 위인

재능과 열정이 넘쳤던 문학가
괴테

괴테는 독일의 뛰어난 문학가예요. 넉넉한 집안에서 태어나 일찌감치 문학과 예술을 폭넓게 접했다고 전해져요. 열 살도 되기 전에 시를 짓기 시작하고, 열세 살에는 시집을 냈을 정도로 글을 잘 썼습니다.

아버지의 뜻에 따라 법률을 공부하고 변호사가 되었지만, 괴테는 여전히 독서와 글쓰기를 좋아했어요. 고등 법원에 다니던 시절, 자신이 겪은 경험을 ¹**토대**로 괴테는 「젊은 베르테르의 슬픔」을 써서 단번에 유명한 작가가 되었습니다.

이후 바이마르 공국의 ²**재상**이 되어서도 늘 문학에 갈증을 느꼈어요. 결국 작가로 돌아온 괴테는, 생을 다할 때까지 내내 뛰어난 시, 소설, 희곡, 산문, 편지글을 많이 남겼고, 자서전인 「시와 진실」도 썼습니다. 대표작인 「파우스트」는 구상부터 집필을 모두 마칠 때까지 60년이나 걸렸지요. 줄거리는 독일 ³**전설**을 바탕으로 하며, 주인공 파우스트가 악마의 꼬임에 빠지지만 나중에는 잘못을 깨달아 ⁴**구원**을 받는 이야기랍니다.

위인 괴테
나라 독일
시대 근대
출생~사망 1749~1832년
직업 작가

잠깐! 더 알고 가기

+ **다양한 분야에서 활약한 괴테**
  괴테는 작가뿐만 아니라 재상, 극장 감독, 변호사 등 다양한 직업을 가졌어요. 문학 외에 과학에도 재능이 많아 다양하게 연구했고요.

교과서 속 오늘의 낱말

1 **토대** 어떤 사물이나 사업의 밑바탕이 되는 기초와 밑천을 비유적으로 이르는 말이에요.

2 **재상** 임금을 돕고 모든 관원을 지휘하고 감독하는 일을 맡아보던 벼슬 또는, 그 벼슬에 있는 사람을 의미합니다.

3 **전설** 옛날부터 민간에서 전하여 내려오는 이야기입니다.

4 **구원** 어려움이나 위험에 빠진 사람을 구해 주는 거예요.

 꼭 알고 가기 **괴테**

1. 다음 중 괴테의 작품이 아닌 것을 고르세요.

   ① 「시와 진실」
   ② 「인간 불평등 기원론」
   ③ 「파우스트」
   ④ 「젊은 베르테르의 슬픔」

2. 다음 문장에 어울리는 오늘의 낱말을 적으세요.

   이 영화는 실화를 　　　　　 로 각색했습니다.

정답 p. 220

115

고전파 음악을 확립한
모차르트

　모차르트는 어렸을 때부터 음악에 대단한 재능을 보였어요. 네 살 때 피아노를 치고, 다섯 살에는 작곡을 했을 정도였어요. 한 번 들은 곡은 바로 연주해 내기도 했습니다. 궁정 음악가였던 모차르트의 아버지는 아들이 무척 자랑스러웠어요. 모차르트가 열 살도 되기 전부터 여러 나라의 ¹**궁정**으로 데리고 다니며 연주 ²**실력**을 뽐냈습니다.

　당시 음악가들은 왕족, 귀족에 소속되어 있는 경우가 많았습니다. 돈을 주는 사람들을 위해 그들을 위한 음악을 만들고 연주해서 살아갔어요. 하지만 모차르트는 달랐습니다. ³**독립적**으로 연주회를 기획해 사람들이 돈을 내고 와서 자신의 음악을 감상하도록 했지요.

　병에 시달리다 길지 않은 생애를 ⁴**마감하기** 직전까지, 모차르트는 40여 곡의 교향곡, 각종 협주곡, 오페라, 가곡, 피아노곡, 실내악, 종교곡을 작곡했습니다.

　"쉬는 것보다 작곡하는 것이 덜 힘들다. 그래서 계속한다."라고 말했지요.

위인 모차르트　　**시대** 근대
나라 오스트리아　**출생~사망** 1756~1791년　**직업** 음악가

잠깐! 더 알고 가기

+ **고전파 음악**
  18세기 중반부터 19세기 초까지 하이든, 모차르트, 베토벤 등이 중심이 되어 크게 발전한 음악이에요.

+ **모차르트와 살리에리**
  두 음악가의 경쟁 관계를 다룬 영화 때문에, 살리에리가 모차르트를 미워하고 질투했다고만 생각하기 쉽습니다. 그러나 실제로는 살리에리가 모차르트를 무척 높이 평가했으며, 많은 도움을 주기도 했습니다.

교과서 속 오늘의 낱말

1 **궁정** 임금이 거처하는 집입니다.
2 **실력** 실제로 갖추고 있는 힘이나 능력을 가리켜요.
3 **독립적** 남에게 의존하거나 예속되지 않는 거예요.
4 **마감하다** 하던 일을 마물러서 끝낸다는 뜻입니다.

 꼭 알고 가기 **모차르트**

1. 다음 중 고전파 음악가가 <u>아닌</u> 인물을 고르세요.
   ① 베토벤
   ② 바흐
   ③ 하이든
   ④ 모차르트

2. 다음 문장에 어울리는 오늘의 낱말을 적으세요.

   여름 방학 동안 수영 _____ 을 키울 거예요.

정답 p. 220

117

쉰두 번째 위인

불가능이란 없다고 믿은
나폴레옹

"내 ¹사전에 불가능이란 없다."라고 외칠 만큼 자신감과 용기가 넘쳤던 사람이 있어요. 바로 나폴레옹입니다.

지중해 코르시카섬의 평범한 집안에서 태어난 나폴레옹은 파리의 사관학교에 입학해 육군이 되었어요. 프랑스 혁명이 일어났고, 나폴레옹은 군인으로서 ²왕당파를 진압하는 데 공을 세웠어요. 혁명이 끝난 후에는 주변 나라들의 침략을 막아 내며 큰 인기를 얻었습니다. 이탈리아 원정의 사령관까지 맡게 된 나폴레옹은 줄곧 승리를 거두었고, 이집트의 알렉산드리아까지 차지했지요.

군인에 만족하지 못한 나폴레옹은 군대를 동원해 의회를 ³해산하고 통치자가 되었습니다. 그러더니 5년 후에는 스스로 황제의 자리에 올랐어요.

하지만 러시아에 크게 패하며 많은 병사들을 잃었고, 황제의 자리에서도 물러났지요. ⁴유배지에서 탈출해 파리로 돌아왔지만, 프로이센군을 막지 못해 멀고 먼 세인트헬레나섬으로 쫓겨나 눈을 감았답니다.

위인 나폴레옹 **시대** 근대
나라 프랑스 **출생~사망** 1769~1821년 **직업** 왕

잠깐! 더 알고 가기

+ **백일천하**

1815년 3월에 엘바섬을 탈출한 나폴레옹이 파리로 돌아가 다시 황제가 되고 나서, 워털루 전투에서 패배하여 물러날 때까지 약 100일간의 지배를 가리킵니다.

교과서 속 오늘의 낱말

1 **사전** 어떤 범위 안에서 쓰이는 낱말을 모아서 일정한 순서로 배열하여 싣고 그 각각의 발음, 의미, 어원, 용법 등을 해설한 책입니다.

2 **왕당파** 왕권을 옹호, 유지, 확장하려는 사람들로 이루어진 당이에요.

3 **해산하다** 집단, 조직, 단체 등이 해체하여 없어지거나 없애는 것을 말해요. 의회의 의원 전원의 자격을 없앤다는 뜻도 있어요.

4 **유배지** 귀양살이 즉, 귀양의 형벌을 받고 부자유스러운 생활을 하는 곳을 의미해요.

 꼭 알고 가기 **나폴레옹**

1. 다음 중 나폴레옹에 대해 **틀린** 설명을 고르세요.

   ① 코르시카섬의 평민으로 태어났어요.

   ② 왕당파를 진압하고, 영국과 이탈리아를 막아내며 군인으로서 승승장구했어요.

   ③ 스스로 황제의 자리에 올랐어요.

   ④ 죽을 때까지 프랑스를 통치하며 인기를 누렸어요.

2. 다음 문장에 어울리는 오늘의 낱말을 적으세요.

   정약용은 　　　　　 에서도 학문을 연구해 책을 쓰며 제자를 길러 냈습니다.

정답 p. 220

#쉰세 번째 위인

음악으로 모든 고난을 이겨 낸
베토벤

가난한 음악가 아버지의 아들로 태어난 베토벤은 어릴 때부터 피아노와 작곡을 배웠어요. 아버지는 베토벤을 당시 유명한 ¹**신동**으로 불리던 모차르트처럼 만들고 싶었습니다.

어린 베토벤이 손가락을 움직일 수 없을 때까지 아버지는 피아노를 엄격하게 연습시키고, 때리기까지 했지요. 결국 베토벤은 실력을 인정받아 열네 살에 궁정 오르간 연주자가 되었고, 뛰어난 ²**피아니스트**로 이름을 알리기 시작했습니다.

성공의 길을 달리던 베토벤에게 어느 날, ³**치명적**인 문제가 닥쳤습니다. 귀가 점점 들리지 않게 된 거예요. 너무 힘들어서 ⁴**유서**를 쓸 정도로 고통스러웠지만, 음악을 사랑하는 열정이 더 컸습니다. 베토벤은 병과 싸우면서 오히려 더 많은 교향곡을 작곡했지요.

남다른 시련을 이겨 내며 만든 음악이기에, 베토벤의 음악은 우리에게 더 큰 감동을 준답니다.

위인 베토벤   **시대** 근대
나라 독일   **출생~사망** 1770~1827년   **직업** 음악가

잠깐! 더 알고 가기

+ **고전파 음악을 완성하고 낭만파 시대를 앞서 가다**
베토벤은 고전파 음악을 완성한 동시에, 이어지는 낭만파 음악을 열기 시작했다고 볼 수 있습니다.

+ **베토벤의 대표적 작품**
「황제」,「운명」,「영웅」,「전원」,「합창」 등의 교향곡과 「비창」,「월광」 등의 피아노 소나타가 잘 알려져 있어요.

교과서 속 오늘의 낱말

1 **신동**   재주와 슬기가 남달리 특출한 아이를 가리킵니다.

2 **피아니스트**   피아노를 직업적으로 연주하는 사람이에요.

3 **치명적**   일의 흥망, 성패에 결정적으로 영향을 주는 것을 말합니다.

4 **유서**   죽음에 이르러 남기는 말을 적은 것입니다.

퀴즈! 꼭 알고 가기 베토벤

1. 다음 중 베토벤의 작품이 <u>아닌</u> 것을 고르세요.
   ① 「운명」
   ② 「합창」
   ③ 「토카타와 푸가」
   ④ 「월광」

2. 다음 문장에 어울리는 오늘의 낱말을 적으세요.

   손열음, 조성진과 같이 뛰어난 _____ 가 되어 우리나라를 빛내는 것이 꿈입니다.

정답 p. 220

쉰네 번째 위인

시와 음악의 아름다움을 가곡으로 표현한
슈베르트

여러분은 꼭 하고 싶은 게 있어서 어렵게 **¹도전했는데**, 별 반응이 없다면 어떻게 하나요? 평생 1,000여 곡의 음악을 만들고 그중 600곡이 넘는 **²가곡**을 남겨 '가곡의 왕'으로 불리는 슈베르트도 알고 보면 아주 힘들었을 것 같아요.

슈베르트는 **³오선지**를 사기도 힘들 만큼 가난한 집에서 태어나, 아버지의 반대에 부딪혀 집을 나와야 했거든요. 친구들의 도움을 받아 꾸준히 음악을 만들었지만, 모차르트나 베토벤처럼 큰 인기를 얻지도 못했고요.

하지만 슈베르트는 언젠가 자신이 꼭 인정을 받을 거라 믿었습니다. 흔들리지 않고 계속 음악을 만들었지요. 그 덕분에 우리는 「송어」, 「겨울 **⁴나그네**」, 「마왕」과 같이 아름다운 가곡을 들을 수 있게 된 거랍니다.

위인 슈베르트
나라 오스트리아
시대 근대
출생~사망 1797~1828년
직업 음악가

잠깐! 더 알고 가기

+ **슈베르트의 묘**
슈베르트의 묘는 본인의 유언에 따라 베토벤의 묘 부근에 매장했으며, 나중에 베토벤의 묘 바로 옆으로 옮겼어요.

교과서 속 오늘의 낱말

1 **도전하다** 어려운 사업이나 기록 경신 등에 맞선다는 뜻이에요.

2 **가곡** 시에 곡을 붙인 성악곡을 가리킵니다. 보통 피아노 반주에 맞추어 불러요.

3 **오선지** 악보를 그릴 수 있도록 오선을 그은 종이입니다.

4 **나그네** 자기 고장을 떠나 다른 곳에 잠시 머물거나 떠도는 사람을 의미합니다.

 꼭 알고 가기 **슈베르트**

1. 다음 중 슈베르트의 작품이 <u>아닌</u> 음악을 고르세요.

   ① 「운명」
   ② 「겨울 나그네」
   ③ 「송어」
   ④ 「마왕」

2. 다음 문장에 어울리는 오늘의 낱말을 적으세요.

   우리나라 ░░░░░ 중 나는 정지용의 「향수」를 가장 좋아한다.

정답 p. 220

#쉰다섯 번째 위인

따뜻한 시선으로 사람들을 바라본
빅토르 위고

「레 미제라블」, 「노트르담의 꼽추」로 잘 알려진 위고는 어린 시절부터 작가가 되는 꿈을 가졌어요. 군인 아버지를 따라 여러 곳을 돌아다니며 살았지요. 다만 아버지의 **¹잦은** 여행으로 어머니와는 사이가 좋지 않았어요.

결국 부모님은 이혼을 했고, 어쩔 수 없이 어린 위고는 조금 달라진 집안 **²분위기**를 느껴야 했습니다. 책과 이야기에 더욱 관심을 가지고 빠져들게 되었지요. 아버지는 아들이 군인이 되었으면 했지만, 위고는 시와 소설을 써서 여러 상을 받았어요. 점점 큰 인기를 얻으며 작가로서 유명해져 갔지요.

정치에 관심을 가져 **³국회 의원** 선거에 출마해 당선되었지만, 정부에 반대하는 인물로 분류되어 벨기에로 **⁴망명**을 가기도 했습니다. 나중에는 프랑스로 돌아올 수 있게 되었지만 위고는 계속 벨기에에서 글을 쓰다가 세상을 떠났답니다. 가난한 사람들의 관 만드는 비용으로 자신의 돈 5만 프랑을 쓰라는 유언을 남기고서요.

위인 빅토르 위고
나라 프랑스
시대 근대
출생~사망 1802~1885년
직업 작가

잠깐! 더 알고 가기

+ 프랑

프랑스, 스위스, 벨기에의 화폐 단위였어요. 1프랑은 1상팀의 100배예요. 현재 프랑스는 유럽 연합의 화폐 단위인 유로를 써요.

교과서 속 오늘의 낱말

1 잦다 여러 차례로 거듭되는 간격이 매우 짧다 또는, 잇따라 자주 있다는 뜻이에요.

2 분위기 그 자리나 장면에서 느껴지는 기분 또는, 주위를 둘러싸고 있는 상황이나 환경을 말합니다.

3 국회 의원 국민의 대표로서 국회를 이루는 구성원으로, 국민의 선거에 의하여 선출됩니다.

4 망명 혁명 등의 정치적인 이유로 자기 나라에서 박해의 위험에 처한 사람이 외국으로 몸을 피하는 거예요.

 꼭 알고 가기 **빅토르 위고**

1. 다음 중 빅토르 위고의 직업은 무엇인가요?

① 대통령

② 군인

③ 작가

④ 변호사

2. 다음 문장에 어울리는 오늘의 낱말을 적으세요.

마당에 내리는 소나기를 대청마루에 누워 바라보니,

여름 _____ 가 한껏 느껴진다.

정답 p. 220

125

#쉰여섯 번째 위인

빛나는 상상력으로 아름다운 동화를 지은
안데르센

여러분은 동화책을 읽으며 생각해 본 적 있나요? '이 동화를 쓴 사람은 어떻게 살았을까? 어떤 마음으로 이야기를 떠올렸을까?' 하고 말이에요. 「인어 공주」, 「성냥팔이 소녀」, 「미운 오리 새끼」, 「벌거벗은 임금님」 등을 읽다 보면, 안데르센의 생애가 궁금해져요.

안데르센은 ¹**덴마크**의 오덴세라는 도시에서 태어났어요. 아버지는 구두 수선공, 어머니는 세탁부로 바쁘게 일했지만 집안 사정은 좋지 못했어요. ²**외동**이었던 안데르센은, 혼자 집에서 인형이나 장난감을 가지고 노는 적이 많았고, 노래하고 연기하는 걸 좋아했지요.

연기자가 되고 싶어진 안데르센은 덴마크의 수도 코펜하겐으로 갔어요. 여러 극단을 돌아다니며 연기를 하고 싶다고 했지만, 거절당하는 적이 많았어요. 그러던 중, 콜린이라는 사람의 ³**충고**에 따라 다시 학교에 다니게 되었고 틈틈이 시를 썼지요.

대학을 졸업한 후 작가가 된 안데르센은 꾸준히 글을 썼어요. 아름다운 동화로 유명세를 떨치며 덴마크 최고의 ⁴**훈장**을 받았고, 오늘날까지 안데르센 동화는 많은 사람들의 사랑을 받고 있답니다.

위인 안데르센
나라 덴마크
시대 근대
출생~사망 1805~1875년
직업 작가

잠깐! 더 알고 가기

+ 그림 형제

독일의 문헌학자이자 언어학자 형제로, 독일어학, 전설, 신화를 연구했습니다. 「헨젤과 그레텔」, 「라푼젤」 등 주로 독일의 민담을 기반으로 한 동화를 펴냈어요.

교과서 속 오늘의 낱말

1 덴마크 유럽 서북부에 자리한 나라예요. 사회 보장 제도가 잘 되어 있는 것으로 유명해요.

2 외동 다른 자식 없이 단 하나뿐인 자식을 의미합니다.

3 충고 남의 결함이나 잘못을 진심으로 타이르는 거예요. 또는 그렇게 타이르는 말을 가리키지요.

4 훈장 나라나 군주를 위하여 드러나게 세운 공로를 기리고 칭찬하여 내리는 문서입니다.

퀴즈! 꼭 알고 가기 안데르센

1. 다음 중 안데르센의 동화가 아닌 것을 고르세요.

   ① 벌거벗은 임금님
   ② 인어 공주
   ③ 헨젤과 그레텔
   ④ 미운 오리 새끼

2. 다음 문장에 어울리는 오늘의 낱말을 적으세요.

   친구의 _____ 를 받아들여, 좀 더 친절하고 부드럽게 말하기로 했다.

   정답 p. 220

#쉰일곱 번째 위인

국민의, 국민에 의한, 국민을 위한 정부를 꿈꾼
링컨

링컨은 미국 켄터키의 농민 집안에서 태어났어요. 낳아 주신 어머니가 일찍 돌아가셨지만, 새어머니의 보살핌과 가르침 아래 자라며 독서를 많이 했습니다. 스무 살이 넘어 집에서 독립한 링컨은 ¹**닥치는** 대로 일을 했어요. 장사도 해 보고, 배에서 일하기도 했어요. 우체국에서 일한 적도 있습니다. 일을 하면서도 열심히 법률책을 읽고 공부했다고 해요.

변호사, ²**하원** 의원에 이어 대통령까지 된 링컨은 남북 전쟁이 일어나자 노예 제도 폐지를 주장했습니다. 당시 남부는 흑인 ³**노예**를 부려 목화를 길렀기 때문에 링컨에 반발했지요.

"국민의, 국민에 의한, 국민을 위한 정부는 이 땅에서 사라지지 않을 것입니다."

게티즈버그에서 북부가 승리하며 링컨은 유명한 ⁴**연설**을 남겼고, 결국 북부가 승리하며 흑인 노예들은 해방되었답니다.

위인 링컨
나라 미국
시대 근대
출생~사망 1809~1865년
직업 대통령

잠깐! 더 알고 가기

+ **남북 전쟁**

  미국에서, 노예 제도의 폐지를 주장하는 북부와 존속을 주장하는 남부 사이에 일어난 내전입니다. 남부가 1865년에 항복함으로써 미국의 통일이 유지되고 노예 제도는 폐지되었습니다.

+ **게티즈버그 연설의 의의**

  게티즈버그 연설 속 마지막 부분은, 한 나라의 주권은 국민에게 있으며 모든 권력은 국민으로부터 나온다는 의미를 담고 있습니다. 이는 민주주의에서 가장 중요한 가치입니다.

교과서 속 오늘의 낱말

1 **닥치다** 어떤 일이나 대상 따위가 가까이 다다른다는 뜻이에요. '닥치는 대로' 꼴로 쓰이면, '이것저것 가릴 것 없이'라는 의미가 돼요.

2 **하원** 국회의 구성이 둘로 되어 있는 제도에서, 국민이 직접 뽑은 의원으로 구성된 의회입니다.

3 **노예** 기본적인 권리나 자유를 빼앗겨 자기 의사나 행동을 주장하지 못하고 부림을 당하는 사람이에요.

4 **연설** 여러 사람 앞에서 자기의 주의나 주장 또는 의견을 진술하는 거예요.

 꼭 알고 가기 **링컨**

1. 다음 중 링컨에 대해 잘못된 설명을 고르세요.

   ① 풍족하게 생활하며 법률 공부에 전념했어요.

   ② 미국의 대통령으로 일했어요.

   ③ 흑인을 노예로 부리는 것에 반대했어요.

   ④ 농민 집안에서 태어나 성장했어요.

2. 다음 문장에 어울리는 오늘의 낱말을 적으세요.

   대통령의 솔직하고 따뜻한 _____ 에 많은 사람들이 감동하였다.

   정답 p. 220

#쉰여덟 번째 위인

생명은 지금도 변화하며 발전하고 있음을 밝힌
다윈

여러분은 우리가 사는 지구의 수많은 동물과 식물들이 어떻게 생겨나서 살아왔을까 생각해 본 적 있나요?

19세기 생물학자 다윈은 어릴 적부터 식물학과 **¹지질학**에 관심이 많았어요. 비글호에 올라 세계 일주를 떠나는 다윈의 마음속은 설렘으로 가득했지요.

아메리카 대륙을 따라 내려가면서, 다윈은 비슷한 종의 생물들이 조금씩 다른 모습으로 바뀌어 간다는 점을 알게 되었어요. 또, 멀리 떨어진 섬에 사는 새들이 육지에 사는 새와 **²부리** 모양이 다른데, 그 섬의 새들끼리는 비슷비슷하게 수십 종이나 살고 있는 것을 관찰했지요.

다윈은 환경에 적응한 종만이 살아남고, 그 후손들이 퍼져 나가며 **³진화**가 이루어진다는 '자연 선택설'을 주장했어요. 연구 결과를 정리해 「종의 기원」이라는 책으로 펴냈지요. 다윈의 진화론은 옳은 **⁴학설**로 인정받아, 과학 교과서에서도 배우지요.

위인 다윈　　**시대** 근대
나라 영국　　**출생~사망** 1809~1882년　　**직업** 과학자

잠깐! 더 알고 가기

+ 갈라파고스 제도

태평양 동부, 적도 바로 밑에 있는 화산섬의 무리입니다. 에콰도르령으로 특이한 새와 파충류가 많이 서식하여, 다윈의 진화론이 이 섬들을 탐험한 후에 나온 것이라 할 만큼 생물학에서 중요한 곳이에요.

교과서 속 오늘의 낱말

1 **지질학** 지구와 그 주위의 지구형 행성을 연구하는 학문. 지구의 구성 물질, 형성 과정, 과거에 살았던 생물 등을 연구합니다.

2 **부리** 새나 일부 짐승의 주둥이를 가리켜요. 길고 뾰족하며 보통 뿔의 재질과 같은 딱딱한 물질로 되어 있습니다.

3 **진화** 생물이 생명의 기원 이후부터 점진적으로 변해 가는 현상을 말해요.

4 **학설** 학술적 문제에 대하여 주장하는 이론 체계를 의미해요.

 꼭 알고 가기 **다윈**

1. 다음 중 다윈의 이론과 다른 주장을 고르세요.

   ① 환경에 적응한 종만이 살아남습니다.

   ② 모든 생물은 신의 설계에 의해 창조되었습니다.

   ③ 환경에 적응하지 못한 종은 후손을 남기지 못하고, 적응한 종의 후손이 많아지게 됩니다.

   ④ 생물의 종은 결국 환경에 적합한 방향으로 진화하게 됩니다.

2. 다음 문장에 어울리는 오늘의 낱말을 적으세요.

   참새가 _____ 로 빵 조각을 콕콕 쪼아 먹는 것 좀 봐.

정답 p. 220

피아노의 시인
쇼팽

폴란드 바르샤바에서 태어난 쇼팽은 일찌감치 음악에 재능을 보였습니다. 여덟 살 때 연주회를 열고, 15세 무렵에는 러시아 황제 앞에서 피아노를 쳤어요.

쇼팽은 평생 피아노곡만 썼다고 해도 [1]**과언**이 아닐 정도로 많은 피아노곡을 작곡했어요. 왈츠, 야상곡, 연습곡 등 서정적이고 섬세한 분위기의 음악을 많이 만들어서, 쇼팽을 피아노의 시인이라고 부르는 사람들이 많지요.

러시아의 침략으로 조국 [2]**폴란드**가 위험해지자, 쇼팽은 파리에 머물며 평생 피아노를 연주하고 살았습니다. 폴란드를 그리워하는 마음을 담아 폴란드 민속 [3]**춤곡**인 폴로네즈, 마주르카를 작곡했고, 폴란드가 러시아에 완전히 넘어가자 「혁명」이라는 곡을 만들었습니다.

폴란드에서 가져온 흙을 죽을 때까지 [4]**고이** 간직한 쇼팽은, 죽기 전 자신의 무덤에 그 흙을 뿌려 달라는 유언을 남기기도 했습니다.

위인 쇼팽
나라 폴란드
시대 근대
출생~사망 1810~1849년
직업 음악가

잠깐! 더 알고 가기

+ 조르주 상드
19세기 프랑스의 대표적인 여성 작가로, 쇼팽을 비롯한 많은 남성 예술가들과 교류하며 사랑과 우정을 나눴습니다.

교과서 속 오늘의 낱말

1 과언 지나치게 말하는 것 또는, 지나치게 하는 말을 가리킵니다.

2 폴란드 동유럽 북부에 있는 공화국으로 10세기에 통일 왕국을 이루었으며, 18세기 말에 프로이센, 제정 러시아, 오스트리아에 의해 분할되었고, 1918년에 공화국으로 독립했습니다. 수도는 바르샤바입니다.

3 춤곡 춤을 출 때에 맞추어 추도록 연주하는 악곡을 통틀어 이르는 말이에요.

4 고이 정성을 다하여 임하는 모습을 나타내는 표현입니다.

퀴즈! 꼭 알고 가기 쇼팽

1. 다음 중 쇼팽을 부르는 말을 고르세요.

   ① 가곡의 왕
   ② 음악의 아버지
   ③ 피아노의 시인
   ④ 음악의 어머니

2. 다음 문장에 어울리는 오늘의 낱말을 적으세요.

   어머니께서  기른 꽃과 나무들이 무성히 자라 정원을 이뤘다.

정답 p. 220

#예순 번째 위인

강력한 힘으로 독일 통일을 이룬
비스마르크

중세 시대 이래, 독일은 신성 로마 제국의 이름으로 서유럽에서 가장 큰 땅을 ¹**거느렸지만** 통일된 한 나라가 아니었습니다. 크고 작은 수십 개의 여러 나라가 모인 형태 즉, 연방을 이루고 있었지요. 연방 소속의 한 나라인 프로이센에, 통일을 꿈꾸던 사람이 있었습니다. 독일 연방 의회에서 프로이센을 ²**대표하고** 있는 비스마르크였지요.

프로이센 왕 빌헬름 1세는 비스마르크 수상에게 당부했습니다.

"이 나라의 통일을 꼭 이루어 주길 바라네."

비스마르크는 강력한 힘을 키워야 통일을 할 수 있다고 생각했습니다. 작은 나라로 흩어져 있던 연방을 하나로 합치고, 프랑스와의 전쟁에서 승리하여 파리를 차지했어요. 이후 비스마르크는 ³**재상**의 자리에서 뛰어난 정책을 펼쳤으며, 독일은 유럽을 ⁴**주도했답니다.**

위인 비스마르크　　**시대** 근대
나라 독일　　**출생~사망** 1815~1898년　　**직업** 정치가

잠깐! 더 알고 가기

+ **철혈 재상**

비스마르크를 가리키는 다른 이름입니다. 재상에 취임하면서 철과 피를 통해 여러 문제를 해결해야 한다는 뜻을 밝혀 '철혈 재상'이라 불렸지요.

교과서 속 오늘의 낱말

1 **거느리다** 국가나 사회, 단체, 집안의 일을 보살펴 관리하고 통제한다는 뜻입니다.

2 **대표하다** 조직이나 집단을 대신하여 일을 맡아 하거나, 여러 사람의 의사를 대신하여 나타내는 거예요.

3 **재상** 임금을 돕고 모든 관원을 지휘하고 감독하는 일을 맡아보던 벼슬입니다. 또는 그 벼슬에 있던 벼슬아치를 말해요.

4 **주도하다** 앞장서서 조직이나 무리를 이끈다는 의미입니다.

 꼭 알고 가기 **비스마르크**

1. 다음 중 비스마르크를 가리키는 또 다른 이름을 고르세요.

   ① 탐관오리

   ② 의적

   ③ 청백리

   ④ 철혈 재상

2. 다음 문장에 어울리는 오늘의 낱말을 적으세요.

   맹사성은 조선 전기의 _____으로, 황희 정승과 함께 청백리로 유명한 인물이다.

정답 p. 220

#예순한 번째 위인

고통받는 약자의 편에서 글을 쓴
톨스토이

　톨스토이는 러시아 야스나야 폴랴나 지역의 귀족 집안에서 태어났어요. 어려서부터 시를 ¹읊고 글쓰기를 즐겼지만, 톨스토이는 자기가 진짜로 원하는 게 뭔지 깊이 고민하다가 형을 따라 군인이 되었습니다. 낮에는 총 쏘며 싸우고, 밤에는 ²전쟁터 일기를 적었어요.

　제대하고 고향으로 돌아온 톨스토이는 학교를 짓고 책을 써서 농민들을 가르쳤습니다. 농민들의 입장에 서서 그들의 ³권리를 위해 목소리를 냈지요.

　본격적으로 소설을 쓰게 된 톨스토이는 「전쟁과 평화」, 「안나 카레니나」, 「부활」 등 오늘날까지 ⁴고전으로 꼽히는 작품들을 써냈습니다.

　평생 단순하고 소박한 삶을 추구했으며, 작품에서는 인간의 ⁵존엄성을 강조했어요. 소설 속 인물들의 이야기를 통해 가난한 사람들을 돌봐야 하며, 다른 사람들을 사랑해야 한다고 주장했지요.

위인 톨스토이　　　　**시대** 근대
나라 제정 러시아　　**출생~사망** 1828~1910년　　**직업** 작가

잠깐! 더 알고 가기

+ 톨스토이 생가

러시아 툴라의 야스나야 폴랴나에 톨스토이가 소유했던 넓은 땅과 생가가 보존되어 있습니다. 톨스토이가 집필하던 방을 볼 수 있으며, 생전에 녹음된 목소리도 들을 수 있지요. 톨스토이의 묘도 있습니다.

교과서 속 오늘의 낱말

1. **읊다** 억양을 넣어서 소리를 내어 시를 읽거나 왼다는 의미예요.
2. **전쟁터** 싸움을 치르는 장소를 말합니다.
3. **권리** 어떤 일을 행하거나 타인에 대하여 당연히 요구할 수 있는 힘이나 자격을 가리킵니다.
4. **고전** 오랫동안 많은 사람에게 널리 읽히고 모범이 될 만한 문학이나 예술 작품입니다.
5. **존엄성** 감히 범할 수 없는 높고 엄숙한 성질을 뜻해요.

퀴즈! 꼭 알고 가기 **톨스토이**

1. 다음 중 톨스토이의 작품이 <u>아닌</u> 책을 고르세요.

① 「안나 카레니나」

② 「부활」

③ 「전쟁과 평화」

④ 「종의 기원」

2. 다음 문장에 어울리는 오늘의 낱말을 적으세요.

헌법에서 보장하는 국민의 _____ 는 모두 5가지가 있습니다.

자유권, 평등권, 참정권, 사회권, 청구권입니다.

정답 p. 221

#예순두 번째 위인

가진 자도, 못 가진 자도 어떻게 하면 모두가 잘살지 고민한 마르크스

큰 상을 받은 작가의 글, 인기를 모으는 노래와 춤, 주목받는 뉴스에는 어떤 공통점이 있을까요? 바로 그 시대를 ¹**반영하고** 있다는 점입니다. 어느 시대와 장소에서든, 변화하는 상황에 따라 사람들은 다양한 생각과 행동을 하고, 그 생각과 행동들을 예술과 사상으로 ²**표현하니까요**.

마르크스의 사상 역시 산업이 한창 발달하던 영국 사회의 고민을 보여 줍니다. 산업 혁명과 식민지 무역으로 어떤 영국인들은 큰 부자가 되었지만, 부자들에게 ³**고용되어** 실제 일을 하는 ⁴**대부분**의 사람들은 점점 힘들어졌거든요.

마르크스는 최초로 노동자의 입장에서 세상을 바라보았어요. 그전까지의 경제학을 비판하면서, 투쟁을 통해 노동자가 해방되어야 한다고 주장했답니다.

위인 마르크스 **시대** 근대
나라 독일 **출생~사망** 1818~1883년 **직업** 사상가

잠깐! 더 알고 가기

+ **마르크스와 함께했던 엥겔스**
독일의 경제학자, 철학자, 정치가로서 마르크스와 교류하고 물심양면 후원한 인물입니다. 마르크스가 세상을 떠난 뒤, 남은 원고를 정리하여 책을 펴내기도 했습니다.

교과서 속 오늘의 낱말

1 **반영하다** 다른 것에 영향을 받아 어떤 현상을 나타내는 거예요.

2 **표현하다** 생각이나 느낌 등을 언어나 몸짓과 같은 형상으로 드러내어 나타낸다는 뜻입니다.

3 **고용되다** 삯을 받고 남의 일을 하게 되는 것을 가리킵니다.

4 **대부분** 절반이 훨씬 넘어 전체량에 거의 가까운 정도의 수효나 분량을 말해요.

 꼭 알고 가기 **마르크스**

1. 다음 중 국적이 다른 인물을 고르세요.

① 비스마르크

② 빅토르 위고

③ 베토벤

④ 마르크스

2. 다음 문장에 어울리는 오늘의 낱말을 적으세요.

나는 용돈의 _____ 을 친구들과 간식을 사 먹는 데 써.

정답 p. 221

#예순세 번째 위인

톨스토이와 함께 19세기 러시아 문학의 거장으로 꼽히는 **도스토옙스키**

19세기 러시아 문학을 대표하는 작가를 ¹**꼽으라면**, 앞서 살펴본 톨스토이와 함께 도스토옙스키를 들 수 있습니다.

도스토옙스키는 어려서부터 문학을 가까이했으며, 특히 역사 소설을 좋아했다고 전해져요. 군인 학교에 다녔고 관련 기관에서 일한 적도 있지만, 도스토옙스키는 작가의 꿈을 버릴 수 없었습니다.

²**퇴직하고** 형과 함께 ³**잡지**를 펴냈으며, 일생 동안 소설을 썼어요. 대표적인 작품으로 「죄와 벌」, 「카라마조프가의 형제들」, 「가난한 사람들」 등이 있습니다.

도스토옙스키의 작품 속 인물들은 변화하는 세상에서 힘들어하고, 할 수 있는 노력을 기울이며 고민하는 경우가 많습니다. 소설을 통해 당시 러시아의 ⁴**혼란**과 사람들의 복잡한 마음을 그려 내고, 이어지는 20세기의 러시아 문학에도 큰 영향을 끼치게 된 거예요.

위인 도스토옙스키 **시대** 근대
나라 제정 러시아 **출생~사망** 1821~1881년 **직업** 작가

잠깐! 더 알고 가기

+ **사형을 당할 뻔한 도스토옙스키**

사회주의 운동을 하다 체포된 도스토옙스키는 사형 선고를 받았어요. 사형대에 묶여 있던 그때, 황제의 명령으로 사형 집행이 중지되었고, 도스토옙스키는 시베리아에서 징역을 살았습니다.

교과서 속 오늘의 낱말

1 **꼽다** 골라서 지목한다는 의미입니다.

2 **퇴직하다** 현직에서 물러나는 거예요.

3 **잡지** 일정한 이름을 가지고 호를 거듭하며 정기적으로 간행하는 출판물을 가리켜요.

4 **혼란** 뒤죽박죽이 되어 어지럽고 질서가 없음을 뜻합니다.

 **꼭 알고 가기** **도스토옙스키**

1. 다음 중 도스토옙스키의 작품이 <u>아닌</u> 책을 고르세요.

    ① 「카라마조프가의 형제들」

    ② 「가난한 사람들」

    ③ 「죄와 벌」

    ④ 「안나 카레니나」

2. 다음 문장에 어울리는 오늘의 낱말을 적으세요.

    이웃 돕기 바자회에서 내가 좋아하는 _____ 의 과월호들을 저렴하게 구했다.

정답 p. 221

#예순네 번째 위인

인류의 건강에 크게 이바지한
파스퇴르

루이 파스퇴르가 세상을 떠나자, 프랑스 정부는 [1]**국장**을 열었고 많은 시민들이 거리를 메우며 추모했어요. 자신의 이름을 딴 연구소에 묻힌 파스퇴르는 지금까지 프랑스의 국민적 [2]**영웅**으로 칭송받는 과학자입니다.

파스퇴르는 가정 형편이 어려워 학교에 늦게 들어갔지만, 더 열심히 공부하고 노력해서 따라잡았어요. 물리와 화학을 좋아했고, 특히 [3]**미생물**에 관심이 많았습니다.

프랑스에서 중요한 산업인 포도주의 부패를 막는 방법을 연구해서 저온살균법을 개발했고, 모든 생물은 저절로 생기는 게 아니라 어버이 생물로부터 발생한다는 사실을 증명하기도 했어요. 또, 오늘날 우리에게도 익숙한 [4]**백신**의 작용 원리를 알아낸 것도 파스퇴르였습니다. 탄저병 백신, 광견병 백신, 닭콜레라 백신을 직접 만들었고, 많은 사람들이 병을 예방할 수 있게 되었지요.

위인 파스퇴르　　**시대** 근대
나라 프랑스　　**출생~사망** 1822~1895년　　**직업** 과학자

잠깐! 더 알고 가기

+ **저온 살균**
식품류를 60~80℃ 온도에서 30분 정도 가열하여 살균하는 방법이에요.

교과서 속 오늘의 낱말

1 **국장** 나라에 큰 공이 있는 사람이 죽었을 때 나랏돈으로 장례를 치르는 일 또는, 그 장례를 일컫는 말입니다.

2 **영웅** 지혜와 재능이 뛰어나고 용맹하여 보통 사람이 하기 어려운 일을 해내는 사람을 가리켜요.

3 **미생물** 눈으로는 볼 수 없는 아주 작은 생물입니다.

4 **백신** 생균에 조작을 가하여 독소를 약화시키거나 균을 죽게 하여 만든 주사약으로, 전염병에 대하여 인공적으로 면역을 줍니다.

 꼭 알고 가기 **파스퇴르**

1. 다음 중 파스퇴르의 업적이 <u>아닌</u> 것을 고르세요.

   ① 닭콜레라 백신 개발

   ② 코로나바이러스감염증-19 백신 개발

   ③ 저온 살균법 개발

   ④ 광견병 백신 개발

2. 다음 문장에 어울리는 오늘의 낱말을 적으세요.

   우리 전통 음식 중 된장, 김치와 같이   의 발효를 이용한 것이 많다.

정답 p. 221

#예순다섯 번째 위인

다이너마이트를 발명했으며 노벨상을 만든 노벨

손에 신문을 든 채, 노벨은 충격에 입을 다물지 못했어요.

'나더러 죽음의 상인이라니, 안전한 ¹화약을 만들어 사고를 줄이고, 사람들을 편리하게 하려던 건데.'

노벨은 어려서부터 아버지가 운영하는 화약 공장에서 노는 것을 좋아했습니다. ²손재주가 뛰어났고, 외국어를 열심히 배웠다고 해요. 아버지의 사업에 따라 노벨은 스웨덴과 러시아를 오가며 살았고, 열여섯 살에 화학자가 되었습니다.

노벨은 폭약을 만들어 ³특허를 얻었고, 스톡홀름에 공장을 세워 대성공을 거두었어요. 연구에 연구를 거듭해 다이너마이트를 발명했으나, 폭발 사고가 자꾸 일어났어요.

'죽음의 상인'이라고까지 불리게 된 노벨은, 다이너마이트로 번 돈을 인류를 위해 쓰기로 했습니다. 모든 재산을 털어 ⁴기금을 만들었고, 매년 분야별로 뛰어난 업적을 남긴 사람이나 단체에 노벨상을 주기로 한 거예요.

위인 노벨 **시대** 근대
나라 스웨덴 **출생~사망** 1833~1896년 **직업** 과학자, 발명가

잠깐! 더 알고 가기

+ **노벨상**

물리학, 화학, 생리학 및 의학, 문학, 평화, 경제학 총 여섯 부문의 수상자를 매년 선발하여 금메달과 상장, 상금을 수여합니다.

교과서 속 오늘의 낱말

1 **화약** 열, 전기, 충격 등의 자극에 의하여 순간적으로 반응을 일으키고 높은 온도의 열과 압력을 가진 가스를 발생시켜, 파괴 및 추진 작용을 일으키는 물질입니다.

2 **손재주** 손으로 무엇을 잘 만들어 내거나 다루는 재주를 뜻해요.

3 **특허** 공업 소유권의 한 가지로, 발명, 실용신안, 의장에 관하여 독점적이고 배타적으로 가지는 지배권입니다.

4 **기금** 어떤 목적이나 사업, 행사 등에 쓸 기본적인 자금 또는 기초가 되는 자금을 말해요.

 꼭 알고 가기 **노벨**

1. 다음 중 노벨상 수여 부문이 아닌 분야를 고르세요.

   ① 정치학

   ② 의학

   ③ 평화

   ④ 물리학

2. 다음 문장에 어울리는 오늘의 낱말을 적으세요.

   내 동생은 _____ 가 좋아서, 간단한 소품을 이것저것 직접 만들어 쓴다.

정답 p. 221

#예순여섯 번째 위인

철강왕에서 기부왕까지,
사회사업가 카네기

뉴스나 인터넷 게시판에서 '기부 천사', '재능 기부' 기사를 본 적 있나요? 아무리 재산이 많고 재주가 뛰어나다 해도, 다른 사람을 위해 대가를 바라지 않고 자신의 것을 ¹**선뜻** 내놓기는 어려워요.

영국의 스코틀랜드에서 태어난 카네기는, 산업 혁명 때 온 가족이 미국으로 가게 되었습니다. 어릴 때부터 생활 전선에 뛰어들어야 했던 카네기는 다양한 직업을 거치며 일했어요. 철도 회사에서 일하는 동안에는 여러 회사에 ²**투자하여** 큰돈을 벌었고, 철강 회사를 경영하기 시작했습니다.

카네기의 철강 회사는 당대 세계 최대 규모로 성장했지요. ³**은퇴** 후에는 스코틀랜드에서 여생을 보내며, 막대한 재산을 학문, 교육, 평화 발전에 사용했습니다. 카네기 홀과 과학 연구소, 수많은 도서관을 짓는 데 카네기의 ⁴**기부금**이 쓰였지요.

위인 카네기
나라 미국
시대 근대
출생~사망 1835~1919년
직업 기업가, 사회사업가

잠깐! 더 알고 가기

+ 카네기 홀

미국 뉴욕에 있는 유명한 음악당으로, 1891년에 카네기 재단의 기금으로 설립했습니다.

교과서 속 오늘의 낱말

1 **선뜻** 동작이 빠르고 시원스러운 모양으로 일어남을 표현합니다.

2 **투자하다** 이익을 얻기 위하여 어떤 일이나 사업에 자본을 대거나, 시간이나 정성을 쏟는 거예요.

3 **은퇴** 직임에서 물러나거나 사회 활동에서 손을 떼고 한가히 지내는 것을 말합니다.

4 **기부금** 자선 사업이나 공공사업을 돕기 위하여 대가 없이 내놓은 돈을 가리켜요.

 꼭 알고 가기 **카네기**

1. 다음 중 카네기의 기부금이 쓰이지 <u>않은</u> 분야를 고르세요.

   ① 도서관 건립
   ② 공연장 설립
   ③ 과학 연구소 설립
   ④ 원자력 발전소 건립

2. 다음 문장에 어울리는 오늘의 낱말을 적으세요.

   우리 부모님은 ____ 후 작은 마당을 가꾸며 지내실 계획이다.

#예순일곱 번째 위인

빛을 담은 화가
모네

여러분은 한곳에 오래 서서 바깥 풍경을 바라본 적 있나요? 또는 어떤 곳에 여러 번 가 본 적 있나요? 같은 곳이라도 계절과 날씨에 따라 보이는 모습은 달라져요. 같은 날이라도 ¹**시시각각** 다른 장면이 보일 수 있고요.

인상파 ²**화풍**을 개척한 클로드 모네는, 빛에 따라 다르게 보이는 색을 그림에서 표현하고자 했어요. 프랑스의 해안 지역에서 자란 모네는, 시골을 ³**누비며** 소년 시절을 보냈습니다. 금세 변하는 날씨에 따라 바뀌는 바닷가 풍경을 관찰하는 시간이 많았지요.

파리로 가서 본격적으로 그림을 그리기 시작한 모네는, 밖으로 나가 빠르게 달라지는 풍경의 빛과 색깔을 표현했어요. 하루 종일 ⁴**시간대**별로 빛을 보며 그리기도 했습니다. 「인상·일출」, 「수련」, 「소풍」 등의 작품으로 새로운 화풍을 보여 주었으며, 「건초 더미」, 「루앙 대성당」 등의 연작을 발표했지요.

위인 모네 **시대** 근대
나라 프랑스 **출생~사망** 1840~1926년 **직업** 화가

잠깐! 더 알고 가기

+ 인상주의

19세기 후반 프랑스에서 일어난 근대 미술의 한 경향입니다. 사물의 고유색보다는 빛에 의해 변하는 순간적인 색채를 포착해서 밝은 그림을 그렸지요. 대표적인 작가로 모네, 드가, 르누아르, 마네 등이 있습니다.

교과서 속 오늘의 낱말

1 **시시각각** 각각의 시각을 가리킵니다.

2 **화풍** 그림을 그리는 방식이나 양식을 말해요.

3 **누비다** 이리저리 거리낌 없이 다니는 거예요.

4 **시간대** 하루 중 어느 시각에서 어느 시각까지의 일정한 시간을 뜻합니다.

 꼭 알고 가기 **모네**

1. 다음 중 인상주의에 속하지 <u>않는</u> 화가를 고르세요.

   ① 마네
   ② 르누아르
   ③ 고흐
   ④ 모네

2. 다음 문장에 어울리는 오늘의 낱말을 적으세요.

   인터넷과 SNS의 발달로   새로운 소식을

   알 수 있습니다.

정답 p. 221

#예순여덟 번째 위인

발레 음악의 대가로 꼽히는
차이콥스키

여러분은 「백조의 호수」, 「잠자는 숲속의 미녀」, 「호두까기 인형」을 읽어 본 적 있나요? 신비로운 배경에서 벌어지는 동화 속, 아름다운 **1상상**의 세계가 펼쳐지지요. 그 상상의 이야기에 음악과 춤까지 함께 펼쳐지면 바로 차이콥스키의 **2발레** 음악이 된답니다.

차이콥스키는 네 살 때부터 피아노를 치기 시작했는데, 음악을 무척 좋아하고 섬세한 성격이었다고 해요. 부모님의 뜻에 따라 음악보다는 **3공무원**이 되기 위해 법률 학교에서 공부했지만, 음악을 좋아하는 마음을 버릴 수 없었지요.

결국 차이콥스키는 23세에 음악원에 입학했고, 차츰 작곡에 전념할 수 있게 되었습니다. 유럽의 여러 나라와 미국까지 여행하면서 창작욕을 불태웠습니다. 앞서 등장한 3대 발레 작품과 더불어, 러시아 음악을 유럽의 음악과 결합시킨 수많은 **4명곡**을 탄생시켰지요.

위인 차이콥스키　　**시대** 근대
나라 제정 러시아　　**출생~사망** 1840~1893년　　**직업** 음악가

잠깐! 더 알고 가기

+ 무소륵스키

차이콥스키와 함께 러시아 국민 음악을 발전시킨 거장으로 손꼽히는 음악가입니다. 「전람회의 그림」, 「보리스 고두노프」, 「민둥산의 하룻밤」 등의 작품이 유명합니다.

교과서 속 오늘의 낱말

1 **상상** 　실제로 경험하지 않은 현상이나 사물에 대하여 마음속으로 그려 보는 거예요.

2 **발레** 　연극의 대사 대신에 춤에 의하여 진행되는 무용극 예술입니다.

3 **공무원** 　국가 또는 지방 공공 단체의 사무를 맡아보는 사람을 가리켜요.

4 **명곡** 　이름난 악곡 또는, 뛰어나게 잘된 악곡을 말합니다.

 꼭 알고 가기 **차이콥스키**

1. 다음 중 차이콥스키의 발레 음악이 아닌 곡을 고르세요.

　① 「잠자는 숲속의 미녀」

　② 「전람회의 그림」

　③ 「백조의 호수」

　④ 「호두까기 인형」

2. 다음 문장에 어울리는 오늘의 낱말을 적으세요.

　이번 크리스마스에 가족들과 　　　　 공연을 보기로 해서 무척 기대된다.

정답 p. 221

#예순아홉 번째 위인

최초의 자동차를 만든
카를 벤츠

'다 만들어진 차를 왜 꼭꼭 숨겨 두는 거야? 답답하긴!'

베르타 벤츠는 남편이 잠든 사이 몰래 빠져나왔어요. 어린 두 아들을 데리고 자동차에 탄 베르타는 ¹**거침없이** 달렸습니다. 중간중간 ²**연료**를 주입하고, 자동차가 말썽을 부리면 스스로 수리도 하면서요. 이 여행은 크게 ³**화제**가 되었고, 남편 카를 벤츠가 만든 최초의 자동차는 널리 알려졌습니다.

독일의 기술자이자 발명가였던 카를 벤츠는 고속 엔진을 연구하여 가솔린 기관을 붙인 ⁴**삼륜차**를 만들었습니다. 자신의 공장을 세워 자동차를 생산하다가, 얼마 뒤 다임러의 공장과 합쳐 '다임러 벤츠 공장'을 세웠지요.

최초의 자동차를 만든 벤츠는 최초의 오토바이를 만든 다임러의 회사와 합쳐 이후 한 회사가 되었습니다. 현재에도 이 회사는 자동차를 생산, 판매하고 있지요.

위인 카를 벤츠　　**시대** 근대
나라 독일　　**출생~사망** 1844~1929년　　**직업** 기업가, 발명가

잠깐! 더 알고 가기

+ 우리나라에서 만든 최초의 자동차

우리나라에서 만든 최초의 자동차는 1955년에 생산된 '시발'이에요. 외국에서 만들어진 부품들을 부분적으로 이용해 제작했지요.

교과서 속 오늘의 낱말

1 **거침없이** 일이나 행동 따위가 중간에 걸리거나 막힘이 없는 모양새를 뜻합니다.

2 **연료** 연소하여 열, 빛, 동력의 에너지를 얻을 수 있는 물질을 통틀어 이르는 말이에요.

3 **화제** 이야기할 만한 재료나 소재를 가리킵니다.

4 **삼륜차** 바퀴가 세 개 달린 차로, 바퀴가 앞에 한 개, 뒤에 두 개 달려 있어요.

 꼭 알고 가기 # 카를 벤츠

1. 최초로 자동차를 만든 기술자이자 생산, 판매한 기업가를 고르세요.

   ① 카네기
   ② 노벨
   ③ 제임스 와트
   ④ 카를 벤츠

2. 다음 문장에 어울리는 오늘의 낱말을 적으세요.

   밀려드는 군인들을 시민들이 맨몸으로   막아 냈다.

정답 p. 221

#일흔 번째 위인

1퍼센트를 100퍼센트로 만든
노력파 발명왕 에디슨

　토머스 에디슨은 어려서부터 호기심이 많은 아이였어요. 달걀이 ¹**부화할** 거라며 품고 있다가 엄마에게 혼나는가 하면, 학교에 들어가서도 ²**엉뚱한** 행동을 많이 했습니다.

　선생님께 꾸중을 자주 듣던 에디슨은 입학한 지 몇 달 되지 않아 학교를 그만두고, 열두 살이 되던 해에는 열차에서 신문을 팔기 시작했어요. 화물칸에 만들어 놓은 실험실에서 불이 나는 바람에 쫓겨났지만요.

　하지만 에디슨은 일을 하면서 계속 여러 가지 실험과 연구를 했어요. 벨이 발명한 전화기를 보강했고, 백열전구의 수명을 늘렸어요. ³**영사기**와 ⁴**축음기** 등 천 가지가 넘는 발명을 해낸 에디슨에게 사람들은 비결이 뭐냐고 물었어요.

　"천재는 1퍼센트의 ⁵**영감**과 99퍼센트의 노력으로 이루어집니다."

위인 에디슨　　　**시대** 근대
나라 미국　　　　**출생~사망** 1847~1931년　　**직업** 발명가

잠깐! 더 알고 가기

+ **발명왕 에디슨은 한편**
전기와 관련된 실험을 하면서 동물들에게 전기 고문을 가했고, 사람을 감전시켜 사형시키는 전기의자를 만들기도 했습니다.

교과서 속 오늘의 낱말

1 **부화하다** 동물의 알 속에서 새끼가 껍데기를 깨고 밖으로 나온다는 뜻이에요.

2 **엉뚱하다** 상식적으로 생각하는 것과 전혀 다르다는 의미예요.

3 **영사기** 필름에 촬영된 상을 광원과 렌즈 장치를 이용해 영사막에 확대하여 비추는 기계입니다.

4 **축음기** 원통형 레코드 또는 원판형 레코드에 녹음한 음을 재생하는 장치입니다.

5 **영감** 창조적인 일의 계기가 되는 기발한 착상이나 자극을 말해요.

 꼭 알고 가기 **에디슨**

1. 다음 중 에디슨의 발명품이 <u>아닌</u> 것을 고르세요.

   ① 백열전구

   ② 자동차

   ③ 축음기

   ④ 영사기

2. 다음 문장에 어울리는 오늘의 낱말을 적으세요.

   작가의 인터뷰에 따르면, 이번 소설은 실제 일어난 사건에서 _____ 을 받아 쓰게 된 것이다.

정답 p. 221

#일흔한 번째 위인

건축 예술에 모든 것을 바친
가우디

안토니오 가우디의 집안은 대대로 구리 ¹세공하는 일을 했습니다. 집안은 넉넉하지 않았고, 몸이 약해 ²잔병치레를 자주 하며 자랐다고 해요. 그러면서도 언제나 공간을 보고 느끼고 상상하는 시간을 즐겼습니다.

바르셀로나의 건축 학교를 졸업하면서 가우디는 멋진 건축물을 많이 지었어요. 구엘이라는 부자 귀족이 가우디를 후원하면서 구엘의 이름이 붙은 공원, ³별장, 궁전을 설계했고, 사그라다 파밀리아 성당 건축에 들어가면서부터는 자신의 모든 것을 쏟아부었습니다.

숨을 거두기 직전까지 사그라다 파밀리아 성당을 짓던 가우디는 ⁴완공을 보지 못하고 성당 지하에 잠들었지만, 가우디의 설계에 따라 사람들은 계속 성당을 지었답니다.

위인 가우디 **시대** 근대
나라 스페인 **출생~사망** 1852~1926년 **직업** 건축가

잠깐! 더 알고 가기

+ **가우디 건축의 특징**

가우디의 작품은 모든 면에서 곡선이 두드러지며, 벽과 천장에 굴곡을 이루고 있는 것이 특징입니다.

교과서 속 오늘의 낱말

1 **세공하다** 잔손을 많이 들여 정밀하게 만든다는 뜻입니다.

2 **잔병치레** 자질구레한 병을 자주 앓는 것을 의미해요.

3 **별장** 살림을 하는 집 외에 경치 좋은 곳에 따로 지어 놓고 때때로 묵으면서 쉬는 집을 가리켜요.

4 **완공** 공사를 완성함을 말해요.

 꼭 알고 가기 **가우디**

1. 다음 중 국적이 다른 인물을 고르세요.

   ① 루이 14세
   ② 빅토르 위고
   ③ 가우디
   ④ 파스퇴르

2. 다음 문장에 어울리는 오늘의 낱말을 적으세요.

   우리 강아지는 어릴 때 _____ 를 조금 했지만, 지금은 무척 튼튼하다.

정답 p. 221

#일흔두 번째 위인

강렬한 색채의 화가
고흐

여러분의 주위에는 ¹**내향적**이고 예민한 친구가 있나요? 그 친구에게 어떻게 대하나요? 혹은 스스로 다른 친구들과 좀 다르다고 느껴서 ²**스트레스**를 받진 않나요?

친구가 나와 달라도, 나만 다른 사람들과 달라도 괜찮아요. 빈센트 반 고흐도 그랬으니까요. 형편이 어려운 목사 집안에서 태어난 고흐는 공부도 많이 하지 못했어요. 성실하게 일하면서도 사람들과 뜻이 맞지 않아서 힘들어하다가 결국 ³**쫓겨나기**도 했습니다.

동생의 권유로 그림을 그리기 시작한 고흐는 37년이라는 짧은 생을 마감할 때까지 800여 점의 ⁴**유화**와 1,000여 점이 넘는 스케치를 남겼어요. 고흐가 세상을 떠난 후, 많은 작품이 인기를 끌며 알려졌고 오늘날까지 위대한 화가로 꼽히게 되었지요.

위인 고흐 **시대** 근대
나라 네덜란드 **출생~사망** 1853~1890년 **직업** 화가

잠깐! 더 알고 가기

+ **고흐의 동생 테오**

고흐와 동생 테오는 평생 수많은 편지를 주고받았습니다. 그림을 사고파는 상인이었던 테오는 고흐를 물심양면 돌보았습니다. 편지 내용에서 고흐의 생활, 여러 가지 생각들, 동생과의 우애 등을 엿볼 수 있지요.

교과서 속 오늘의 낱말

1 **내향적** 성격이 내성적이고 비사교적인, 외면적인 면보다는 내면적인 면을 추구하는 성향을 의미합니다.

2 **스트레스** 적응하기 어려운 환경에 처할 때 몸과 마음에서 느껴지는 긴장 상태를 뜻해요.

3 **쫓겨나다** 어떤 장소나 직위에서 내쫓김을 당한다는 말이에요.

4 **유화** 서양화에서, 물감을 기름에 개어 그리는 그림입니다. 보통 천으로 된 캔버스에 그려요.

 꼭 알고 가기 **고흐**

1. 다음 중 직업이 다른 인물을 고르세요.

   ① 미켈란젤로
   ② 모네
   ③ 고흐
   ④ 콜럼버스

2. 다음 문장에 어울리는 오늘의 낱말을 적으세요.

   운동은 _____ 를 푸는 좋은 방법이다.

정답 p. 221

현대

 프로이트
 쑨원
 마리 퀴리
 간디

 레닌
 히구치 이치요
 처칠
 슈바이처
 노구치 히데요

 아인슈타인
 헬렌 켈러
 케말 파샤
 피카소
 호찌민

드골

루스벨트

덩샤오핑

만델라

체 게바라

앤디 워홀

안네 프랑크

마틴 루터 킹

유리 가가린

닐 암스트롱

제인 구달

칼 세이건

스티븐 스필버그

스티브 잡스

#일흔세 번째 위인

정신 분석학의 창시자
프로이트

'열 길 물속은 알아도 한 길 사람 속은 모른다.'라는 [1]**속담**이 있지요.

우리는 매일 다른 사람들과 [2]**대화**를 하고 함께 지냅니다. 그러면서 때로 궁금해져요. 상대는 무슨 생각을 하는지, 왜 저렇게 행동하는지 말이에요.

사람의 마음을 지식으로 이해하고 싶어 한 수많은 이들 중 지크문트 프로이트가 있습니다.

유대인이었던 프로이트는 오스트리아에서 태어났어요. 당시 유대인은 [3]**소수 민족**이라는 이유로, 정치를 하거나 영향력 있는 직업을 갖기가 어려웠지요. 상인, 의사, 교수가 되는 유대인이 많았고 프로이트도 의대에서 공부했습니다.

빈 의과 대학을 졸업한 후, 프로이트는 정신 질환의 치료법을 연구했습니다. [4]**무의식**의 개념을 제시하고, 정신 분석을 통해 병을 치료할 수 있다고 주장했지요.

위인 프로이트
나라 오스트리아
시대 현대
출생~사망 1856~1939년
직업 심리학자

잠깐! 더 알고 가기

+ **카를 구스타프 융**

스위스의 정신 의학자이자 심리학자로, 프로이트의 정신 분석학에 영향을 받아 분석 심리학의 기초를 세웠습니다.

교과서 속 오늘의 낱말

1 **속담** 예로부터 민간에 전하여 오는 쉬운 격언이나 잠언입니다.

2 **대화** 마주 대하여 이야기를 주고받는 것 또는, 그 이야기를 말해요.

3 **소수 민족** 다민족 국가에서 지배적 세력을 가진 민족에 대하여 상대적으로 인구수가 적고 언어와 관습 등을 달리하는 민족을 뜻합니다.

4 **무의식** 자신의 언동이나 상태 따위를 스스로 깨닫지 못하는 일체의 작용을 가리켜요.

 꼭 알고 가기 **프로이트**

1. 다음 중 국적이 다른 인물을 고르세요.

   ① 도스토옙스키

   ② 차이콥스키

   ③ 톨스토이

   ④ 프로이트

2. 다음 문장에 어울리는 오늘의 낱말을 적으세요.

   중국에는 50개가 넘는 ＿＿＿＿＿＿＿ 이 있다.

정답 p. 221

#일흔네 번째 위인

아시아 최초의 공화국을 세운
쑨원

　유럽이 산업 혁명을 겪고, 미국은 북부와 남부로 나뉘어 ¹**내전**을 일으키던 무렵이었습니다. 중국은 황제가 다스리는 청나라 시대였는데, 실질적으로 영국 등 ²**열강**의 식민지나 진배없는 상태였지요.

　바닷가 마을에서 태어난 쑨원은 형과 함께 하와이에서 서양 학문을 배웠습니다. 미국의 민주주의 제도를 접하고 큰 감명을 받았어요. 쑨원은 홍중회를 만들어 지속적으로 혁명 운동을 벌였습니다. 신해혁명을 통해 청나라 황제가 물러났고, 이윽고 쑨원은 중국 남부에 세워진 새로운 ³**공화국**의 지도자가 되었습니다. 바로 중화민국이었지요.

　위안스카이에게 ⁴**정권**을 양보했다가 후에 중국 국민당을 조직한 쑨원은 마지막까지 혁명을 추진하며, 중국의 통일을 위해 노력했답니다.

위인 쑨원　　　　**시대** 현대
나라 중화민국　　**출생~사망** 1866~1925년　　**직업** 정치가

잠깐! 더 알고 가기

+ **신해혁명**

  1911년에 청나라를 무너뜨리고 중화민국을 세운 혁명입니다.

+ **삼민주의**

  1905년에 쑨원이 내세운 중국 근대 혁명의 기본 이념으로, 민족주의, 민권주의, 민생주의의 세 가지 원칙을 말합니다.

교과서 속 오늘의 낱말

1 **내전** 한 나라 안에서 일어나는 싸움을 말합니다.

2 **열강** 국제 문제에서 큰 역할을 담당하는 여러 강한 나라를 뜻해요.

3 **공화국** 주권이 국민에게 있는 나라를 이르는 말입니다.

4 **정권** 정치상의 권력 또는, 정치를 담당하는 권력을 의미해요.

 꼭 알고 가기 **쑨원**

1. 다음 중 아시아 최초의 공화국은 어느 나라인가요?

   ① 중화민국

   ② 베트남

   ③ 대한민국

   ④ 인도네시아

2. 다음 문장에 어울리는 오늘의 낱말을 적으세요.

   대한민국은 민주 _____ 이다.

   대한민국의 모든 권력은 국민으로부터 나온다.

정답 p. 221

#일흔다섯 번째 위인

노벨상을 두 번이나 받은 과학자
마리 퀴리

　폴란드 바르샤바에서 태어난 마리아 스클로도프스카는 질문하기를 좋아하고, 답을 스스로 알아낼 때까지 물고 늘어지는 성격이었습니다.

　프랑스 소르본대학으로 **¹유학**을 떠난 마리아는 물리학과 수학을 공부했고, 물리학 박사 학위를 우수한 성적으로 취득했습니다. 피에르 퀴리와 결혼하며 마리 퀴리라는 이름을 사용하게 된 마리아는 남편과 **²공동** 연구를 진행했습니다.

　마리 퀴리는 폴로늄과 라듐을 발견했고, 소르본대학과 파리대학에서 **³최초**의 여성 교수가 되었습니다. 노벨 물리학상과 화학상을 수상하며 과학의 서로 다른 두 분야에서 노벨상을 수상한 유일한 인물로 기록되었지요.

　긴 **⁴방사능** 연구로 건강이 악화되어 숨을 거둔 마리 퀴리는 프랑스 국립 묘지인 팡테옹에 묻힌 최초의 여성이기도 합니다.

위인 마리 퀴리　　**시대** 현대
나라 프랑스　　**출생~사망** 1867~1934년　　**직업** 과학자

잠깐! 더 알고 가기

+ **어머니의 뒤를 이어 방사능을 연구한 딸**
마리 퀴리의 딸 이렌 퀴리는 어머니의 연구를 이어 가다 인공 방사성 원소를 발견했고, 노벨 화학상을 수상했습니다. 2대에 걸쳐 어머니와 딸이 노벨상을 받은 최초의 사례지요.

교과서 속 오늘의 낱말

1 **유학** 외국에 머물면서 공부하는 거예요.

2 **공동** 둘 이상의 사람이나 단체가 함께 일을 하거나, 같은 자격으로 관계를 가짐을 뜻합니다.

3 **최초** 맨 처음을 의미해요.

4 **방사능** 라듐, 우라늄, 토륨 따위 원소의 원자핵이 붕괴하면서 방사선을 방출하는 일 또는, 그런 성질을 말해요.

 꼭 알고 가기 **마리 퀴리**

1. 다음 중 마리 퀴리가 최초로 이룬 사건이 <u>아닌</u> 것을 고르세요.

   ① 프랑스 국립묘지인 팡테옹에 잠든 최초의 여성으로 기록되다.
   ② 노벨상을 제정하고 기금을 마련하다.
   ③ 과학의 서로 다른 두 분야에서 노벨상을 받다.
   ④ 소르본대학과 파리대학 최초의 여성 교수로 부임하다.

2. 다음 문장에 어울리는 오늘의 낱말을 적으세요.

   친구와 _____ 으로 상을 받아서 더 기쁘다.

정답 p. 221

#일흔여섯 번째 위인

비폭력 독립운동을 펼친
간디

전쟁터에서 용맹하게 싸우지도 않았고, 높은 ¹**지위**를 누린 적 없으며, 강한 ²**저항**으로 혁명을 일으킨 것도 아닌데 마하트마 즉, '위대한 영혼'이라 칭송받는 지도자가 있어요. 바로 인도의 간디예요.

당시 인도는 영국의 식민지였고, 간디는 식료품상을 운영하는 부유한 집안의 막내아들이었습니다. 영국으로 대학을 간 간디는 법률을 공부했고, ³**변호사**가 되었어요.

남아프리카에서 변호사 일을 하다가 ⁴**고국**으로 돌아온 간디는 많은 인도인들을 이끌고 인종 차별 반대 운동, 인도 독립운동을 했습니다. 무저항, 비폭력, 불복종 방식으로 영국인들을 포기시켰어요.

감옥에서도 불복종 운동을 멈추지 않았고, 풀려난 뒤 ⁵**암살**되어 숨을 거둘 때까지 일생 내내 간디는 인도의 독립과 통일을 위해 노력했습니다.

위인 간디
나라 인도
시대 현대
출생~사망 1869~1948년
직업 정치가

잠깐! 더 알고 가기

+ **결국 인도는**
종교 분쟁으로 인해 인도 연방과 파키스탄으로 분리되어 독립했습니다.

교과서 속 오늘의 낱말

1 **지위** 사회적 신분에 따르는 위치나 자리를 말합니다.

2 **저항** 어떤 힘이나 조건에 굽히지 않고 거역하거나 버티는 거예요.

3 **변호사** 법률에 규정된 자격을 가지고 피고나 원고를 변론하며, 법률에 관한 일을 하는 사람입니다.

4 **고국** 주로 남의 나라에 있는 사람이 자신의 조상 때부터 살던 나라를 이르는 말이에요.

5 **암살** 몰래 사람을 죽이는 것을 가리킵니다.

 꼭 알고 가기 **간디**

1. 다음 중 간디의 인종 차별 반대 운동, 인도 독립운동 방식이 <u>아닌</u> 것을 고르세요.

   ① 저항하지 않되 복종하지 않는 방식
   ② 폭력적이지 않은 방식
   ③ 눈에는 눈, 이에는 이로 되갚는 방식
   ④ 최대한 평화로운 방식

2. 다음 문장에 어울리는 오늘의 낱말을 적으세요.

   나는 커서 인권 _____ 가 되어, 소외되고 억울한 사람들을 돕고 싶다.

정답 p. 221

#일흔일곱 번째 위인

사회주의 혁명을 성공시키고
소련의 지도자가 된 레닌

　레닌은 교사 아버지와 의사 집안 어머니 사이에서 여섯 명 중 셋째로 태어났어요. 형이 황제 암살 계획에 **¹가담했다가** 처형당하자, 레닌은 큰 충격을 받고 혁명에 관심을 갖게 되었습니다.

　혼자 법률을 공부해 법대 졸업과 똑같이 인정받을 수 있는 시험에 합격한 레닌은, 변호사로 일하면서 마르크스주의를 깊이 연구했습니다.

　세계 대전과 혁명의 영향으로 제정 러시아의 마지막 황제였던 니콜라이 2세가 물러나고, 스위스에 있던 레닌은 귀국과 도피를 이어 가다 3월 혁명 이후 러시아로 완전히 돌아왔어요. 레닌과 볼셰비키는 **²무장봉기**를 일으켰고, 정권을 장악하는 데 성공했습니다. 최초로 **³사회주의** 혁명을 이루었고, 인근의 사회주의 국가들을 소련으로 통합하여 초대 지도자가 되었지요.

　마르크스의 사상을 러시아에 맞게 적용한 정치 지도자이자 혁명가로서, 레닌은 오늘날까지 러시아인들에게 **⁴존경**받고 있답니다.

위인 레닌　　　**시대** 현대
나라 소련　　　**출생~사망** 1870~1924년　　　**직업** 정치가

잠깐! 더 알고 가기

+ 여러분은 '-주의'라고 하면 어떤 말들이 떠오르나요?

국민이 권력을 가지고 스스로 행사하는 민주주의, 국민의 의사를 대표하는 국회에서 만든 법률이 아니면 국민의 자유와 권리를 건드릴 수 없다는 법치주의와 같이, '-주의'로 끝나는 말은 그 앞에 붙은 것을 중요한 원리로 삼은 제도 또는 사상을 의미합니다.

교과서 속 오늘의 낱말

1 가담하다 같은 편이 되어 일을 함께하거나 돕는다는 뜻이에요.

2 무장봉기 지배자의 무력에 대항하여 피지배자가 무장을 하고 떼 지어 세차게 일어나는 일입니다.

3 사회주의 개인이 재산을 가지지 않으면서 모든 생산을 사회 공동으로 이루어지도록 해서 자본주의의 문제점을 해결하려던 사상입니다.

4 존경 남의 인격, 사상, 행위 등을 받들어 공경함을 의미해요.

 꼭 알고 가기 **레닌**

1. 다음 중 제정 러시아의 마지막 황제는 누구인가요?
   ① 루이 14세
   ② 니콜라이 2세
   ③ 엘리자베스 1세
   ④ 술레이만 1세

2. 다음 문장에 어울리는 오늘의 낱말을 적으세요.

   위인전에 많은 훌륭한 사람들이 있지만, 나는 이순신 장군을 가장 _____ 한다.

정답 p. 221

#일흔여덟 번째 위인

일본 근대 소설을 개척한 여성 소설가
히구치 이치요

 "남자가 무슨 ¹**양산**을 쓰니?", "여자는 체육 싫어하지?" 이런 말 들어 본 적 있나요? 요즘 그런 얘기하는 사람 없다고요? 처음부터 그랬던 건 아니랍니다. 한 명 한 명이 ²**억압**에 맞서고 도전한 덕분에, 오늘날 여러 부분에서 남녀가 동등한 권리를 누리게 된 거예요.

 19세기 후반이었지만 일본 사회의 ³**면면**은 근대에 가까운 부분이 많았습니다. 무사 집안의 딸로 태어난 히구치 이치요는 어릴 때부터 책 읽기를 좋아했어요. 아버지는 이치요의 재능을 키워 주고자 고전을 가르치고 글을 쓰게 했지만, 사업에 실패하고 돌아가시고 말았지요.

 집안을 책임지게 된 이치요는 신문에 소설을 ⁴**연재하던** 작가의 문하생이 되었어요. 소설을 써서 발표하며 어머니와 가게를 운영하기도 했지요. 이후 대표작 「키 재기」를 포함해 연이어 소설을 냈어요. 여성의 집필 활동에 많은 제한이 있던 상황 속에서도 훌륭한 작품을 많이 남긴 히구치 이치요의 모습은 현재 일본의 5,000엔 지폐에 실려 있답니다.

위인 히구치 이치요 **시대** 현대
나라 일본 **출생~사망** 1872~1896년 **직업** 작가

잠깐! 더 알고 가기

+ 쓰다 우메코

일본에서 히구치 이치요 못지않은 여성 위인이에요. 일본에서 여성 최초로 해외 유학을 떠났던 인물로, 대학을 설립하는 등 평생 여성 교육에 힘썼어요.

+ 메이지 시대

히구치 이치요가 살던 메이지 시대는 일본 메이지 일왕 시대의 연호를 말하며, 1867년부터 1912년까지예요.

교과서 속 오늘의 낱말

1 양산   볕을 가리기 위하여 쓰는 우산 모양의 도구예요.

2 억압   자기의 뜻대로 자유로이 행동하지 못하도록 억지로 억누름을 뜻합니다.

3 면면   여러 면 또는, 각 방면이라는 말이에요.

4 연재하다   신문이나 잡지 등에, 긴 글이나 만화 등을 여러 차례로 나누어 계속해서 싣는다는 의미예요.

 꼭 알고 가기 **히구치 이치요**

1. 다음 중 히구치 이치요에 대해 <u>틀린</u> 설명을 고르세요.

   ① 무사 집안의 딸로 태어났어요.

   ② 일찌감치 집안을 책임지게 되었어요.

   ③ 정부와 기업의 큰 지지와 후원을 받으며 소설을 썼어요.

   ④ 많은 제한이 있던 상황 속에서도 훌륭한 작품을 많이 써서 발표했어요.

2. 다음 문장에 어울리는 오늘의 낱말을 적으세요.

   일제 강점기, 제국주의의 _____ 과 수탈에도 우리 민족은 끈질기게 맞서 싸웠고, 독립을 쟁취했다.

정답 p. 221

#일흔아홉 번째 위인

영국 총리를 두 번이나 지내며 세계 대전을 치른 처칠

윈스턴 처칠의 집안은 영국의 이름난 귀족이었어요. 어린 시절, 처칠은 집에서는 말썽꾸러기였고 학교에 가면 ¹**낙제생**이었다고 합니다. 수학을 특히 싫어했고, 역사 과목을 빼면 공부도 잘하지 못했어요.

²**사관 학교**에 세 번 만에 입학한 처칠은, 들어올 때 성적은 나빴지만 입학 후 부지런히 공부해서 좋은 등수로 졸업했어요.

졸업 후 처칠은 군인으로서 여러 나라를 다니며 복무했습니다. 특히 ³**종군 기자**로 활동하고, 포로로 잡혔다가 탈출하면서 전쟁 영웅으로 인기를 얻었습니다.

하원 의원이 된 처칠은 제1, 2차 세계 대전을 거치는 동안 여러 부문의 장관을 두루 역임하며 ⁴**승승장구했고**, 마침내 영국 총리까지 되었지요. 정치 지도자로서 처칠은 전쟁에서 영국이 승리하는 데 이바지했고, 전쟁이 끝난 후에도 질서를 다시 마련하는 데 큰 역할을 했습니다.

위인 처칠　　　　**시대** 현대
나라 영국　　　　**출생~사망** 1874~1965년　　**직업** 정치가

잠깐! 더 알고 가기

+ 노벨 문학상을 받은 처칠

처칠은 신문에 수많은 수필과 평론을 기고했습니다. 전기와 역사서를 집필한 작가이기도 하지요. 「제2차 세계 대전 회고록」으로 1953년 노벨 문학상을 수상했어요.

교과서 속 오늘의 낱말

1 **낙제생**   성적이 나빠서 시험에 떨어지거나 진급을 하지 못한 사람을 가리켜요.

2 **사관 학교**   정규 군인 장교를 양성하는 군사 학교입니다. 대학 과정에 해당되며, 학생들은 졸업 후 군인이 됩니다.

3 **종군 기자**   군대를 따라 전쟁터에 나가 전투 상황을 보도하는 기자예요.

4 **승승장구하다**   싸움에 이긴 형세를 타고 계속 몰아친다는 뜻입니다.

 꼭 알고 가기 **처칠**

1\. 다음 중 처칠에 대해 **틀린** 설명을 고르세요.

① 글쓰기 실력이 형편없었어요.

② 어린 시절 말썽을 많이 부렸어요.

③ 노벨상을 받았어요.

④ 제1, 2차 세계 대전에서 영국의 승리를 위해 힘썼어요.

2\. 다음 문장에 어울리는 오늘의 낱말을 적으세요.

내 꿈은 _____ 에 가서, 우리나라 우리 국민을 지키는 군인이 되는 것이다.

정답 p. 221

여든 번째 위인

우리에게 인류애를 전해 주는
슈바이처

목사의 아들로 태어난 알베르트 슈바이처는 대학에서 신학과 철학을 공부했습니다. 음악에도 재능을 보였지요. 무엇 하나 부러울 것 없던 슈바이처였지만, 군대를 다녀온 후 큰 ¹**결심**을 했습니다.

'서른 살까지 나를 위해 학문과 음악에 ²**몰두하자**. 그 후에는 인류를 위해 봉사하는 삶을 살자!'

아프리카 사람들이 의사가 없어 죽어간다는 소식을 듣고, 슈바이처는 의사가 되어 아프리카에 가기로 했습니다. 바로 실행에 옮겨 슈바이처는 의학부에 들어갔고, 아내 헬레네는 ³**간호사**가 되었습니다.

아프리카에서 원주민 환자를 돌본 지 수십 년이 지나, 의료 ⁴**선교사** 슈바이처와 간호사 헬레네 부부의 헌신이 알려졌습니다. 여러 나라의 많은 사람들이 슈바이처 부부를 도우러 왔으며, 1952년 슈바이처는 노벨 평화상을 받았습니다.

위인 슈바이처 **시대** 현대
나라 독일 **출생~사망** 1875~1965년 **직업** 의사

잠깐! 더 알고 가기

+ 노벨 평화상을 받은 사람들

노벨상의 여섯 부문 중, 평화상은 인류의 평화에 기여한 개인이나 단체에게 수여합니다. 잘 알려진 수상자로는 인종 차별 정책을 없앤 남아프리카 공화국의 넬슨 만델라, 흑인 인권 운동을 이끈 미국의 마틴 루터 킹, 파키스탄의 여성 교육 운동가 말랄라 유사프자이 등이 있어요. 우리나라의 제15대 김대중 전 대통령은 남북한의 화해에 기여한 공로를 인정받아 2000년에 만장일치로 수상했어요.

교과서 속 오늘의 낱말

1 **결심**   할 일에 대하여 어떻게 하기로 마음을 굳게 정하는 것 또는, 그런 마음을 의미합니다.

2 **몰두하다**   어떤 일에 온 정신을 다 기울여 열중한다는 뜻이에요.

3 **간호사**   법에 정해진 자격을 갖추고, 의사의 진료를 도우며 환자를 돌보는 사람이에요.

4 **선교사**   종교를 널리 전도하는 사람을 말하며, 기독교에서는 외국에 파견되어 전도하는 사람을 가리킵니다.

 퀴즈! 꼭 알고 가기 **슈바이처**

1. 다음 중 슈바이처가 공부했거나 일하지 <u>않은</u> 분야를 고르세요.

    ① 철학

    ② 음악

    ③ 의학

    ④ 경제학

2. 다음 문장에 어울리는 오늘의 낱말을 적으세요.

    노련한 _____ 선생님이 환자의 혈관을 한 번에 찾아 링거 주사를 놓고 있다.

정답 p. 221

여든한 번째 위인

매독균을 발견하여 세계적인 명성을 얻은
노구치 히데요

　매독균을 발견한 세균학자 노구치 히데요를 일본인들은 슈바이처에 빗대어 칭송해요. ¹**역경**을 딛고 꿈을 이루었으며, 아프리카에서 전염병을 연구하다 사망했다는 공통점 때문이지요.

　후쿠시마에서 태어난 노구치는 집안 형편이 어려웠고, 태어난 지 얼마 되지 않았을 때 큰 ²**화상**을 입어 왼손이 불구였어요. 아버지는 술과 ³**노름**에만 빠져 있었고, 어머니와 누나와 함께 힘들게 살아야 했습니다. 선생님이 되고 싶었지만 학비가 부족했고, 교과서를 살 돈조차 부족해 선배들에게 낡은 책을 얻어 겨우겨우 공부했지요.

　치과 대학을 졸업하고 미국 유학길에 오른 노구치는 의학 연구원이 되었고, 독성과 ⁴**미생물**을 본격적으로 연구했습니다. 특히 매독균이 소아마비의 원인일 수 있음을 밝혀 노벨상 후보에 오르기도 했어요.

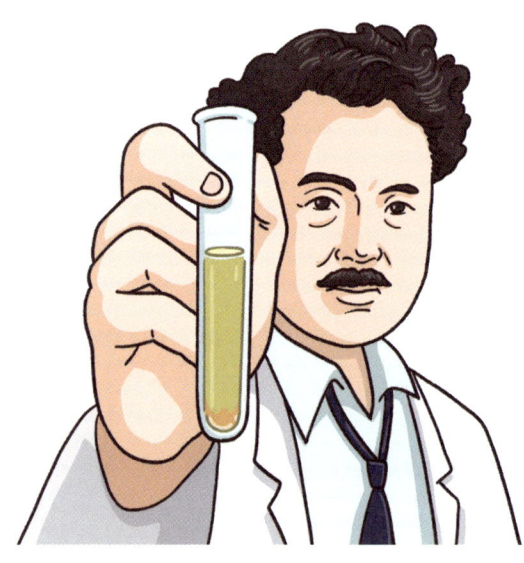

위인 노구치 히데요　　**시대** 현대
나라 일본　　**출생~사망** 1876~1928년　　**직업** 의학자

잠깐! 더 알고 가기

+ **소아마비는**

어린아이에게 많이 일어나는 운동 기능의 마비입니다. 뇌성 소아마비와 척수성 소아마비가 있는데, 노구치 히데요는 그중 척수성 소아마비의 원인을 밝힌 거예요.

교과서 속 오늘의 낱말

1 **역경** 일이 순조롭지 않아 매우 어렵게 된 처지나 환경을 말해요.

2 **화상** 높은 온도의 기체, 액체, 고체, 화염 등에 데었을 때 일어나는 피부의 손상입니다.

3 **노름** 돈이나 재물 등을 걸고 서로 내기를 하는 거예요.

4 **미생물** 눈으로는 볼 수 없는 아주 작은 생물을 가리킵니다.

 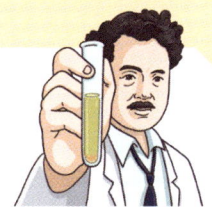

꼭 알고 가기 노구치 히데요

1. 다음 중 노구치 히데요에 대해 옳지 <u>않은</u> 내용을 고르세요.

   ① 선생님으로 일하다가 의학자로 직업을 바꿨어요.

   ② 아프리카에서 전염병을 연구하다 사망했어요.

   ③ 노벨상 후보에 오르기도 했어요.

   ④ 독성과 미생물에 대해 연구했어요.

2. 다음 문장에 어울리는 오늘의 낱말을 적으세요.

   겨울철 전기장판이나 온수 매트로 인한 저온 ☐☐ 에 주의해야 한다.

정답 p. 222

#여든두 번째 위인

뛰어난 과학자이자 평화 운동가이기도 했던
아인슈타인

　상대성 이론과 광양자설 등 물리학 연구로 노벨상을 받은 아인슈타인이기에, 어렸을 때부터 천재적이고 뛰어났을 것 같지만 오히려 반대였답니다. 말이 느렸고, 학교에서 낙제를 받기도 했습니다. 대학에 가서도 혼자 책을 읽거나 생각에 빠져 수업에 빠지는 날이 많았지요. 하지만 알고 보니 [1]**잡념**이 아닌 [2]**사고 실험**에 몰두하고 있었던 거였어요. 졸업 후 [3]**특허청**에서 일하면서도 아인슈타인은 머릿속으로 계속 실험과 수정을 반복하여 특수 상대성 이론을 발표했으니까요.

　독일에 [4]**나치** 정권이 들어서자 아인슈타인은 탄압을 피해 미국으로 가서 연구를 계속했습니다. 자신의 이론으로 [5]**원자 폭탄**을 만들려는 독일을 막기 위해 미국 대통령에게 도움을 요청했지만, 되려 미국은 먼저 원자 폭탄을 만들어 일본에 떨어뜨렸지요.

　아인슈타인은 무척 속상해하며 이후로 핵무기 폐기 등 평화 운동에 앞장섰습니다.

위인 아인슈타인　　**시대** 현대
나라 독일　　**출생~사망** 1879~1955년　　**직업** 과학자

잠깐! 더 알고 가기

+ **1945년 8월**
미국은 일본의 히로시마와 나가사키에 원자 폭탄을 투하했습니다. 이로 인해 일본은 항복을 선언했고, 제2차 세계 대전이 끝났으며, 우리나라가 일본 제국주의의 강제 점령에서 벗어나 해방을 맞았습니다.

교과서 속 오늘의 낱말

1 **잡념** 여러 가지 잡스러운 생각을 말합니다.
2 **사고 실험** 실행 가능성이나 입증 가능성에 구애받지 않고, 생각으로만 이루어지는 실험을 가리켜요.
3 **특허청** 특허, 실용신안 등에 대한 일을 하며 심사, 심판도 하는 행정 기관입니다.
4 **나치** 히틀러를 우두머리로 한 독일의 독재 정당입니다. 제2차 세계 대전을 일으켰으나 1945년에 패하며 몰락했습니다.
5 **원자 폭탄** 원자핵이 분열할 때 생기는 에너지를 이용한 폭탄이에요.

 꼭 알고 가기 **아인슈타인**

1. 다음 중 아인슈타인의 생애와 업적에 대해 <u>틀린</u> 설명을 고르세요.
   ① 상대성 이론 등 물리학 연구로 노벨상을 받았어요.
   ② 나치를 피해 미국으로 갔어요.
   ③ 전쟁에서 이기려고 원자 폭탄을 만들어 사용했어요.
   ④ 평화 운동에도 힘썼어요.

2. 다음 문장에 어울리는 오늘의 낱말을 적으세요.

   새벽에 깨면 이런저런 _____ 에 빠져 다시 잠이 잘 오지 않는다.

정답 p. 222

#여든세 번째 위인

보지도 듣지도 말하지도 못했지만, 다른 사람들을 돕는 데 힘쓴 **헬렌 켈러**

한 사람이 작가이자 사회사업가, ¹**인권** 운동가로 평생을 살았다고 하면 여러분은 어떤 생각이 드나요? 그런데 심지어 그 사람이 눈도 안 보이고, 귀도 들리지 않는 여성이었다면 어떨까요?

미국 앨라배마주에서 태어난 헬렌 켈러는 태어난 지 19개월 무렵, 심한 병에 걸려 목숨을 잃을 뻔했어요. 간신히 살아났지만 ²**시각**과 ³**청각**을 잃고 말았습니다. 부모님은 앤 설리번 선생님을 헬렌의 가정교사로 모셔 왔어요. 덕분에 헬렌은 대학 공부까지 마칠 수 있게 되었고, 자신과 같이 어려움을 극복하기 위해 노력하는 사람들을 돕기로 결심했어요.

헬렌은 장애인이 사회의 구성원으로 동등하게 인정받아야 한다고 주장하며 ⁴**모금** 운동을 벌이고, 여성이 ⁵**참정권**을 가질 수 있도록 힘을 보탰습니다. 일하는 사람들의 권리를 찾아 주기 위해서도 노력했지요. 또한, 전쟁을 반대하며 평화 운동에도 힘썼습니다.

위인 헬렌 켈러
나라 미국
시대 현대
출생~사망 1880~1968년
직업 작가, 사회사업가

잠깐! 더 알고 가기

+ **설리번 선생님도**
어려서부터 결막염 때문에 장애에 가까운 시각 손상을 입었지만, 여러 번 수술을 받아서 조금은 시력을 회복했다고 해요. 설리번 선생님은 헬렌을 붙잡고 글자를 하나하나 손바닥에 써 주며 헌신적으로 가르쳤습니다.

교과서 속 오늘의 낱말

1 **인권**   인간으로서 당연히 가지는 기본적 권리를 말해요.

2 **시각**   눈을 통해 빛의 자극을 받아들이는 감각 작용입니다.

3 **청각**   소리를 느끼는 감각을 뜻합니다.

4 **모금**   기부금이나 성금 등을 모으는 것을 가리켜요.

5 **참정권**   국민이 국정에 직접 또는 간접으로 참여하는 권리예요.

퀴즈! 꼭 알고 가기 — 헬렌 켈러

1. 다음 중 헬렌 켈러가 활동하지 <u>않은</u> 분야를 고르세요.

① 여성의 참정권 운동
② 장애인을 위한 복지 사업
③ 열악한 노동 환경 개선 운동
④ 동물 보호 사업

2. 다음 문장에 어울리는 오늘의 낱말을 적으세요.

전투기 조종사 조건을 모두 갖추었는데, 대부분 남성만 선발하는 건  침해이다.

정답 p. 222

\# 여든네 번째 위인

튀르키예 건국의 아버지로 존경받는
케말 파샤

　무스타파 케말 아타튀르크, 케말 아타튀르크라고도 불리는 케말 파샤는 오스만 제국 시대에 태어났습니다. 술레이만 1세 이후의 오스만 제국은 힘이 약해지고 있었고, 이후 여러 나라의 침략을 받았어요. 이어 제1차 세계 대전에서 **¹패전국**이 되며 큰 위기를 맞이했습니다.

　이때 군인의 길을 걷고 있던 케말 파샤는 영국과 프랑스의 **²연합군**을 여러 차례 물리치며 공을 세웠습니다. 현재 튀르키예의 수도이기도 한 앙카라에서 회의를 열어 이슬람 왕조를 폐지하고 공화국을 세우고자 하였으며, 그리스와의 전쟁에서 영토를 회복했지요.

　튀르키예 공화국을 설립하고 첫 번째 대통령이 된 케말 파샤는 여성에게 참정권을 부여하고, 정치와 종교를 분리했으며, 튀르키예 **³로마자**를 사용하는 등 과감한 개혁 정책을 펼쳤습니다. 튀르키예의 현대는 케말 파샤의 역사와 함께 시작되었다고 해도 **⁴과언**이 아니에요.

위인 케말 파샤　　**시대** 현대
나라 튀르키예　　**출생~사망** 1881~1938년　　**직업** 정치가

잠깐! 더 알고 가기

+ **파샤? 아타튀르크? 무슨 뜻?**

파샤는 군사령관이나 고위 관료에게 붙이는 칭호이며, 아타튀르크는 '튀르키예인의 아버지'라는 뜻이에요. 근대화 개혁으로 튀르키예인들이 처음 성씨를 갖게 되었는데, 튀르키예 대국민 의회에서 초대 대통령에게 아타튀르크라는 성씨를 준 거예요.

교과서 속 오늘의 낱말

1 **패전국**   싸움에 진 나라입니다.

2 **연합군**   전쟁에서 둘 혹은 둘 이상의 국가가 연합하여 구성한 군대를 뜻합니다.

3 **로마자**   그리스 문자, 로마자 등의 유럽 및 미국 언어를 적는 문자를 통틀어 이르는 말입니다.

4 **과언**   지나치게 말을 하는 행동 또는, 그런 말을 가리킵니다.

 꼭 알고 가기 **케말 파샤**

1. 다음 중 케말 파샤를 일컫기에 적절하지 <u>않은</u> 것을 고르세요.

   ① 튀르키예의 첫 대통령

   ② 현대 튀르키예의 역사를 알기 위해 꼭 알아야 할 인물

   ③ 튀르키예의 왕족이자 종교 지도자

   ④ 튀르키예인의 아버지로 불릴 만큼 존경받는 인물

2. 다음 문장에 어울리는 오늘의 낱말을 적으세요.

   독일, 일본, 이탈리아는 제2차 세계 대전의 _____ 이다.

정답 p. 222

여든다섯 번째 위인

입체주의를 창시하며
미술의 흐름을 바꿔 놓은 **피카소**

"이게 무슨 그림이지?", "¹괴상망측하기 짝이 없군.", "²저주받은 여인을 그렸나 봐."

그때까지 없었던 신기한 그림에 많은 사람들이 화가를 비난했습니다. 옆모습 얼굴에 정면을 향하는 코가 붙어 있고, 뒷모습 얼굴에 앞을 보는 눈이 붙어 있었거든요. 바로 파블로 피카소가 그린 「아비뇽의 아가씨들」로, ³입체파의 대표적 그림이었습니다.

스페인 말라가에서 태어난 피카소는 미술 선생님인 아버지에게 그림을 배웠어요. 바르셀로나와 마드리드에서 그림을 공부하고, 성인이 될 무렵에는 파리로 가서 본격적으로 작품 활동을 하기 시작했습니다.

피카소는 기존과 완전히 다른 방식으로 그림을 그렸어요. 단순함을 강조한 입체주의 ⁴화풍을 발전시키며 이름을 날리기 시작했지요. 또한, 당시 유럽에서 벌어진 독일 나치의 횡포를 고발하는 내용 등 여러 사회 문제를 그림으로 표현하기도 했습니다. 특히 「전쟁과 평화」, 「한국에서의 학살」은 6·25 전쟁과도 관련이 있지요.

위인 피카소 **시대** 현대
나라 스페인 **출생~사망** 1881~1973년 **직업** 화가

잠깐! 더 알고 가기

+ **프랑스 화가 브라크**
  피카소와 함께 입체파를 창시하고 발전시킨 화가예요. 작품에 「바이올린과 물병」 등이 있습니다.

교과서 속 오늘의 낱말

1 **괴상망측하다** 말할 수 없이 괴이하고 이상하다는 뜻이에요.

2 **저주** 남에게 재앙이나 불행이 일어나도록 빌고 바라는 거예요. 또는, 그렇게 해서 일어난 재앙이나 불행을 가리키는 말입니다.

3 **입체파** 20세기 초기에 프랑스에서 활동한 유파입니다. 후대의 미술에 커다란 영향을 끼쳤으며 피카소, 브라크 등이 대표적 작가예요.

4 **화풍** 그림을 그리는 방식이나 양식을 말해요.

퀴즈! 꼭 알고 가기 피카소

1. 다음 중 피카소의 작품이 아닌 그림을 고르세요.

① 「천지 창조」
② 「한국에서의 학살」
③ 「전쟁과 평화」
④ 「아비뇽의 아가씨들」

2. 다음 문장에 어울리는 오늘의 낱말을 적으세요.

어른이 되면 난 머리도 옷도 마음대로 하고 다닐 거야.

 해 보여도 말리지 마.

정답 p. 222

어든여섯 번째 위인

베트남의 독립을 이끈
민족 운동 지도자 호찌민

호찌민은 베트남의 작은 마을에서 태어났어요. 어머니가 일찍 돌아가셨고, 아버지는 관직에서 일하다가 그만두면서 형편이 나빠졌습니다. 가난에서 벗어나기 위해 호찌민은 **¹선원**으로 일하며 여러 나라를 여행했습니다.

호찌민은 영국 런던, 프랑스 파리 등지에서 닥치는 대로 일하다가 제1차 세계 대전이 끝나고 파리에 정착했고, **²사회주의** 운동을 시작했어요. 프랑스의 식민지 정책을 **³고발하는** 책을 내기도 했지요.

홍콩에서 체포되었다가 모스크바, 중국을 거쳐 베트남에 입국하는 데 성공한 호찌민은, 제2차 세계 대전이 끝날 때쯤 미국과 중국의 지원에 힘입으며 **⁴임시 정부**를 정식으로 인정받았습니다. 이후 하노이에 정부를 수립하여 대통령이 되었고, 남부 베트남을 차지한 프랑스와 싸워 승리를 거두었지요.

위인 호찌민 **시대** 현대
나라 베트남 **출생~사망** 1890~1969년 **직업** 정치가

잠깐! 더 알고 가기

+ **호찌민의 이름을 딴 도시가**
베트남 남부에 있어요.
도시 호찌민은 인도차이나
제일의 무역항이며, 한때 베트남
공화국의 수도였습니다.

교과서 속 오늘의 낱말

1 **선원**   배의 승무원을 말합니다.

2 **사회주의**   사유 재산 제도를 폐지하고 생산 수단을 사회화하여 자본주의 제도를 극복하려는 사상입니다.

3 **고발하다**   세상에 잘 알려지지 않은 잘못이나 비리 등을 드러내어 알린다는 뜻이에요.

4 **임시 정부**   국제법 차원에서 적법한 정부로 인정받지 못한 사실상의 정부입니다. 대한민국 임시 정부를 뜻하기도 해요.

 꼭 알고 가기 **호찌민**

1. 호찌민이 살던 당시, 베트남을 식민 지배하던 나라를 고르세요.

   ① 영국

   ② 독일

   ③ 프랑스

   ④ 일본

2. 다음 문장에 어울리는 오늘의 낱말을 적으세요.

   이번 상하이 여행에서 대한민국 _____는 필수 방문 코스이다.

정답 p. 222

여든일곱 번째 위인

레지스탕스 지도자로, 임시 정부를 거쳐 대통령이 된 드골

'레지스탕스'라는 말을 들어 본 적 있나요? 프랑스어로 '저항'을 의미하는 단어예요. 권력이나 침략자에 대한 저항 특히, 역사적으로는 [1]**제2차 세계 대전** 중 프랑스에서 있었던 지하 저항 운동을 뜻합니다.

제2차 세계 대전 중 독일에 점령을 당한 여러 나라에서 [2]**조국**을 독립시키기 위해 레지스탕스가 나타났어요. 특히 프랑스의 레지스탕스들이 활약했는데, 그중 샤를 드골은 프랑스의 해방을 위해 영국에서 저항 활동을 하면서, 런던에 [3]**본부**를 만들고 군대를 조직했지요.

레지스탕스는 연합군이 전쟁에서 승리하는 데 큰 공을 세웠고, 드골은 레지스탕스의 지지를 받으며 프랑스 임시 정부를 수립했습니다.

이후 대통령이 된 드골은 프랑스 경제를 발전시키고, [4]**알제리 전쟁**을 평화적으로 해결하기 위해 노력했어요. 또, 프랑스를 중심으로 유럽의 발전을 도모하고자 했습니다.

위인 드골
나라 프랑스
시대 현대
출생~사망 1890~1970년
직업 정치가

잠깐! 더 알고 가기

+ 레지스탕스는
압제 정치나 외국의 지배에 저항하는 것을 주제로 하는 문학을 가리키기도 하지요.

+ 프랑스 곳곳에
드골의 이름을 딴 주요 장소와 명소들이 있어요. 대표적으로 샤를 드골 파리 국제 공항이 있고, 개선문 일대 광장의 이름도 샤를 드골 광장이에요.

교과서 속 오늘의 낱말

1 제2차 세계 대전 세계 경제 공황 후 독일, 이탈리아, 일본 등 군국주의 나라와 미국, 영국, 프랑스 등 연합국 사이에 일어난 전쟁입니다.

2 조국 조상 때부터 대대로 살던 나라, 자기의 국적이 속하여 있는 나라를 말합니다.

3 본부 각종 관서나 기관, 단체의 중심이 되는 조직입니다. 또는 그 조직이 있는 곳을 가리켜요.

4 알제리 전쟁 1954년에서 1962년까지 총 9년 동안 프랑스군과, 식민 통치에 맞선 알제리민족해방전선 사이에 벌어진 전쟁입니다.

퀴즈! 꼭 알고 가기 — 드골

1. 다음 중 국적이 다른 인물을 고르세요.

① 드골
② 모네
③ 노벨
④ 빅토르 위고

2. 다음 문장에 어울리는 오늘의 낱말을 적으세요.

우리 할아버지는 이민 가신 지 오래되었지만, 언제나 ____을 그리워하신다.

정답 p. 222

191

 #여든여덟 번째 위인

민주주의 국가에서 대통령을 네 번이나 역임한
루스벨트

　¹**독재** 정치 국가를 제외하면, 대통령을 여러 번 하는 경우는 그리 많지 않습니다. 민주주의 국가에서는 국민의 선거로 대통령을 뽑는데, 지도자 노릇을 정말 잘하지 않고서야 국민들이 또 뽑아 주지 않을 테니까요. 그런데 두 번도 세 번도 아니고 대통령을 네 번이나 ²**역임한** 인물이 있어요. 바로 미국의 제32대 대통령인 프랭클린 루스벨트입니다.

　루스벨트가 대통령에 취임한 1930년대, 미국은 무척 힘든 상태였습니다. 경기가 좋지 않아 ³**실업자**가 넘치며 대공황을 맞았지요. 루스벨트는 뉴딜 정책이라는 이름으로 국민들에게 일자리를 제공하기 위해 ⁴**공공사업**을 벌였습니다. 나이가 많거나 신체적인 이유로 일을 하기 어려운 사람들에게 사회 보장 제도를 마련해 주기도 했습니다. 반면 부자들에게는 세금을 추가로 걷었습니다.

　마침내 대공황을 극복하고 국민 생활을 안정시킨 루스벨트는 제2차 세계 대전의 승리에도 많은 노력을 기울였답니다.

위인 루스벨트　　**시대** 현대
나라 미국　　　　**출생~사망** 1882~1945년　　**직업** 대통령

잠깐! 더 알고 가기

+ **뉴딜 정책**
  경제 활동에 정부가 적극적으로 나서서 조정해야 한다는 방침 아래 이루어진 루스벨트 대통령의 경제 부흥 정책입니다.

+ **또 다른 루스벨트 대통령**
  미국의 제26대 시어도어 루스벨트 대통령은 외교 능력을 바탕으로 여러 국제 문제를 해결하는 데 힘썼어요. 노벨 평화상을 수상하기도 했지요.

교과서 속 오늘의 낱말

1 **독재** 민주적인 절차를 부정하고 통치자의 독단으로 행하는 정치입니다.

2 **역임하다** 여러 직위를 두루 거쳐 지낸다는 뜻이에요.

3 **실업자** 경제 활동에 참여할 나이지만 직업이 없는 사람을 말해요.

4 **공공사업** 국가나 지방 자치 단체가 공공의 경제적 목적을 위하여 벌이는 사업입니다.

꼭 알고 가기 루스벨트

1. 다음 중 미국의 대통령을 지내지 <u>않은</u> 사람을 고르세요.

   ① 루스벨트
   ② 링컨
   ③ 워싱턴
   ④ 윈스턴 처칠

2. 다음 문장에 어울리는 오늘의 낱말을 적으세요.

   총칼을 휘두르던 　　　　　 정권은 국민의 뜻에 따라 무너졌다.

정답 p. 222

#여든아홉 번째 위인

중국의 개혁개방을 추진한
덩샤오핑

덩샤오핑은 중국 **¹쓰촨성** 출신으로, 현대 중국의 발전에 큰 역할을 한 지도자입니다. 덩샤오핑은 프랑스와 모스크바에서 유학하고 중국으로 돌아와 **²공산당** 지도자의 길을 걷게 되었는데, 처음에는 마오쩌둥의 동료였으나 **³문화 대혁명** 때 추방되기도 했어요.

복귀와 추방을 반복하다 마오쩌둥 **⁴사후**에 중국의 최고 지도자가 된 덩샤오핑은 과감한 개혁개방 정책을 펼쳤습니다. 마오쩌둥과 달리 덩샤오핑은 외국 문물을 받아들이는 데 적극적이었고, 경제 성장을 중요하게 생각했거든요.

덩샤오핑이 추진한 농업, 산업, 과학기술, 국방 분야의 정책을 통해 중국은 성장 **⁵발판**을 마련했습니다. 이런 노력으로 다른 나라들과 외교가 활발해져 미국과 유럽, 아시아 여러 나라와 서로 관계를 맺는 계기도 되었지요.

위인 덩샤오핑 **시대** 현대
나라 중국 **출생~사망** 1904~1997년 **직업** 정치가

잠깐! 더 알고 가기

+ **제2차 천안문 사건**
덩샤오핑의 모든 통치가 훌륭했던 건 아닙니다. 1989년 6월 4일, 베이징 천안문 광장에서 사람들이 정권에 항의하며 시위를 했는데, 덩샤오핑은 군인을 동원해 무력으로 시민들을 제압했고, 수많은 사람들이 목숨을 잃었어요. 이를 제2차 천안문 사건이라 합니다.

교과서 속 오늘의 낱말

1 **쓰촨성** 중국 양쯔강 상류에 있는 도시입니다.
2 **공산당** 마르크스·레닌주의를 받드는 공산주의자들로 구성된 정당을 말합니다.
3 **문화 대혁명** 1966년에 중국에서 시작한 대규모 권력 투쟁으로, 마오쩌둥과 린뱌오 등이 홍위병을 동원하여 반대자들을 비판하고 숙청했어요.
4 **사후** 죽고 난 이후를 뜻합니다.
5 **발판** 어떤 곳을 오르내리거나 건너다닐 때 발을 디디기 위하여 설치한 장치로, 다른 곳으로 진출하기 위한 수단을 비유하기도 해요.

퀴즈! 꼭 알고 가기 덩샤오핑

1. 다음 중 덩샤오핑 시기와 관련이 <u>없는</u> 사건을 고르세요.

    ① 문화 대혁명
    ② 제2차 천안문 사건
    ③ 개혁개방
    ④ 분서갱유

2. 다음 문장에 어울리는 오늘의 낱말을 적으세요.

    　　　　에서 힘차게 발을 굴러야 뜀틀을 넘을 수 있어.

정답 p. 222

195

\#아흔 번째 위인

자유와 평등을 위해
일생 동안 포기하지 않은 만델라

어떻게 싸우면 이길 수 있을까 생각해 본 적 있나요? 아마도 강한 ¹**무기**가 있어야겠지요. 그렇다면 가장 강한 건 뭘까요? 군인이 쏘아 대는 총? 마구 휘두를 수 있는 칼?

남아프리카 공화국 최초의 흑인 대통령이자 인권 운동가였던 넬슨 만델라는 ²**아파르트헤이트**에 맞서 말과 글, 그리고 끝까지 포기하지 않는 마음으로 싸워 이겼습니다.

만델라는 흑인들의 자유와 평등을 위해 싸웠고, ³**종신형**을 받아 감옥에 갇혔지요. 감옥에서도 저항 운동을 펼치며 27년 동안의 고된 노동을 버텨 냈어요.

마침내 풀려난 만델라는 남아프리카 공화국 최초의 자유 총선거에서 대통령이 되었고, 인종 차별 정책을 없앤 ⁴**공로**로 노벨 평화상을 받았습니다.

위인 만델라
나라 남아프리카 공화국
시대 현대
출생~사망 1918~2013년
직업 대통령

잠깐! 더 알고 가기

+ **로자 파크스**
미국 의회로부터 '현대 시민권 운동의 어머니'로 추앙받은 흑인 인권 운동가입니다. 백인에게 버스 자리를 양보하라는 지시를 거부한 사건을 시작으로, 대대적인 차별 철폐 운동을 이끌었어요.

교과서 속 오늘의 낱말

1 **무기** 전쟁이나 싸움에 사용되는 기구 또는, 어떤 일을 하거나 이루기 위한 중요한 수단이나 도구를 말합니다.

2 **아파르트헤이트** 인종에 따라 사회적인 여러 권리를 차별하는 인종 격리 정책입니다.

3 **종신형** 무기 징역 즉, 기간을 정하지 않고 평생 동안 교도소 안에 가두어 일을 시키는 형벌을 뜻해요.

4 **공로** 일을 마치거나 목적을 이루는 데 들인 노력과 수고, 일을 마치거나 그 목적을 이룬 결과로서의 공적을 말해요.

 꼭 알고 가기 **만델라**

1. 다음 중 활약한 분야가 <u>다른</u> 인물을 고르세요.

   ① 간디
   ② 로자 파크스
   ③ 슈바이처
   ④ 만델라

2. 다음 문장에 어울리는 오늘의 낱말을 적으세요.

   정치가들의 권력은 나라를 위해 써야지,

    삼아 잘못 휘둘렀다가는 국민들이 가만있지 않는다.

정답 p. 222

아흔한 번째 위인

이상적인 사회를 위해, 혁명에 모든 것을 바친 체 게바라

　체 게바라는 아르헨티나의 평범한 가정에서 태어나 의과 대학에 다녔어요.

　당시 아르헨티나의 많은 국민들은 열심히 일해도 계속 가난할 수밖에 없었습니다. 군인들의 독재 정권과 땅 부자들이 한패가 되어, 사람들을 쥐어짜고 못살게 굴었으니까요.

　친구와 아르헨티나를 자전거로 여행하고, 동료와 오토바이를 타고 **¹라틴 아메리카**를 여행하며 체 게바라는 고통스러워하는 사람들을 보았고, 의사가 아닌 **²혁명가**가 되기로 했습니다.

　볼리비아와 과테말라를 거쳐, 멕시코에서 피델 카스트로를 만나 **³무장 투쟁**에 합류한 체 게바라는 쿠바 혁명의 꿈을 이루고, 쿠바의 **⁴이인자**가 되었어요. 하지만 체 게바라는 오로지 투쟁하기 위해 다시 남아메리카로 떠났고, 현장에서 생을 마감했답니다.

위인 체 게바라　　**시대** 현대
나라 아르헨티나　　**출생~사망** 1928~1967년　　**직업** 사상가

잠깐! 더 알고 가기

+ **피델 카스트로**

쿠바의 인권 변호사 출신 노동 운동가이자 군인, 혁명가입니다. 부패한 정권으로부터 쿠바를 해방시켰다는 긍정적 평가가 있습니다. 반면, 반대파를 처단하고 장기 집권하며 문화 예술까지 통제하려 한 독재자라는 부정적 평가가 엇갈립니다.

교과서 속 오늘의 낱말

1 **라틴 아메리카** 아메리카에서 과거에 라틴 민족의 지배를 받았던 지역을 통틀어 이르는 말이에요. 북아메리카 남부에서 남아메리카에 걸치며, 멕시코, 아르헨티나, 브라질 등이 이에 속합니다.

2 **혁명가** 혁명을 위하여 활동하는 사람이에요.

3 **무장 투쟁** 정치적, 군사적 목적을 이루기 위하여 무장 집단이 조직적으로 벌이는 군사 행동입니다.

4 **이인자** 특정 방면에서 두 번째로 뛰어난 사람 또는, 어떤 조직에서 두 번째 위치에 있는 사람을 말해요.

퀴즈! 꼭 알고 가기 체 게바라

1. 다음 중 체 게바라의 삶에 대해 <u>틀린</u> 설명을 고르세요.

   ① 피델 카스트로와 함께 쿠바 혁명에 성공했어요.
   ② 쿠바 지도층이 되어 평생 안락하게 살았어요.
   ③ 의사가 되려 했으나, 여행을 계기로 혁명가가 되겠다는 꿈을 가졌어요.
   ④ 남아메리카의 혁명 현장에서 숨을 거두었어요.

2. 다음 문장에 어울리는 오늘의 낱말을 적으세요.

   우리나라 선수가 은메달을 땄다.

   첫 출전에 세계 _____ 가 되다니 정말 대단하다.

정답 p. 222

#아흔두 번째 위인

모두가 미술을 즐기길 바랐던
앤디 워홀

여러분은 미술 ¹**전시**를 좋아하나요? 그림이나 조각을 보면서 멋지다고 느끼나요? 때로는 뭘 그린 건지, 왜 좋다고 하는지 알쏭달쏭할 때도 있을 거예요. 마음속으로는 이렇게 생각하면서 말이에요.

'미술은 어려워.'

앤디 워홀은 ²**고상한** 미술, 어려운 미술보다는 보다 많은 사람들이 쉽게 즐길 수 있는 미술 세계를 만들고 싶었어요. 그 방법 중 하나로 만화, 영화배우 초상, 통조림통, 콜라병 등 일상생활에서 흔히 볼 수 있고 누구나 아는 평범한 것들을 그림의 소재로 삼았지요. 또한, ³**실크 스크린**이라는 인쇄 기법을 이용해 작품을 대량으로 찍어 냈어요.

이렇게 전통적인 예술 개념을 ⁴**타파한** 미술을 팝 아트라고 해요. 앤디 워홀은 팝 아트 미술을 이끌며 영화와 잡지를 제작하는 등 다양한 분야에서 활약했답니다.

위인 앤디 워홀 **시대** 현대
나라 미국 **출생~사망** 1928~1987년 **직업** 화가

잠깐! 더 알고 가기

+ 팝 아트란

1950년대 후반에 미국에서 일어난 회화의 한 양식입니다. 일상생활 용구 등을 소재로 삼아 표현하는 새로운 미술 운동으로서 광고, 만화, 보도 사진 등을 그대로 그림의 주제로 삼는 것이 특징이에요.

교과서 속 오늘의 낱말

1 **전시**   여러 가지 물품을 한곳에 벌여 놓고 보여 주는 거예요.

2 **고상하다**   품위나 몸가짐의 수준이 높고 훌륭하다는 뜻입니다.

3 **실크 스크린**   나무나 금속으로 테두리를 한, 비단이나 나일론 등의 발이 고운 천으로 잉크를 정착시키는 인쇄 방법입니다.

4 **타파하다**   부정적인 규정, 관습, 제도 등을 깨뜨려 버린다는 의미입니다.

 꼭 알고 가기 **앤디 워홀**

1. 다음 중 앤디 워홀의 팝 아트 주제로 알맞지 <u>않은</u> 것을 고르세요.

　① 영화배우 초상

　② 만화

　③ 콜라병

　④ 꽃과 과일

2. 다음 문장에 어울리는 오늘의 낱말을 적으세요.

　　　　　　　를 관람할 때, 도슨트의 도움을 받거나 오디오 가이드를 활용하면 좀 더 알기 쉽고 재미있다.

정답 p. 222

아흔세 번째 위인

가스실을 피해 숨어 살며 하루하루 자신의 삶을 일기로 남긴 안네 프랑크

독일 나치가 유럽을 ¹**점령하고** 유대인들을 탄압하던 무렵, 안네 프랑크라는 한 소녀가 독일에 살고 있었습니다. 유대인 집안의 둘째 딸이었던 안네는 나치를 피해 온 가족이 ²**네덜란드**로 피신을 오게 되었어요.

프랑크 가족은 공장의 창고와 사무실에 숨어 살기로 했고, 밖에 나갈 수 없었던 안네는 일기장을 친구 삼아 '키티'라고 이름 짓고, 편지 형식으로 ³**미주알고주알** 일기를 썼지요.

누군가의 밀고로 ⁴**은신처**는 발각되었고, 안네는 강제 수용소에서 숨을 거두었습니다.

가족 중 유일하게 살아남은 아버지가 안네의 일기를 발견하여 책으로 출판했고, 나치의 만행 속에서도 꿋꿋이 살아간 안네 프랑크의 이야기가 전 세계에 알려지게 된 거랍니다.

위인 안네 프랑크　　**시대** 현대
나라 독일　　**출생~사망** 1929~1945년　　**직업** 작가

잠깐! 더 알고 가기

+ **안네 프랑크의 집**
  프랑크 가족을 비롯해 여덟 명이 숨어 살던 네덜란드의 집은 현재 보수와 확장을 거쳐 박물관으로 꾸며져 있습니다.

교과서 속 오늘의 낱말

1 **점령하다**   어떤 장소를 차지하여 자리를 잡다 또는, 교전국의 군대가 적국의 영토에 들어가 그 지역을 군사적 지배하에 둔다는 뜻이에요.

2 **네덜란드**   유럽 서북부에 있는 입헌 군주국입니다. 국토의 4분의 1이 해면보다 낮은 나라로, 수도는 암스테르담이에요.

3 **미주알고주알**   '아주 사소한 일까지 속속들이'라는 의미예요.

4 **은신처**   몸을 숨기는 곳이에요.

 **퀴즈!** 꼭 알고 가기 **안네 프랑크**

1. 다음 중 안네 프랑크에 대해 <u>틀린</u> 설명을 고르세요.

   ① 유대인이었어요.

   ② 일기장을 친구 삼아 편지 쓰듯 자신의 이야기를 적었어요.

   ③ 강제 수용소에서 안타깝게 숨을 거두었어요.

   ④ 죽을 때까지 은신처에서 살았어요.

2. 다음 문장에 어울리는 오늘의 낱말을 적으세요.

   여기는 아무도 모르는 내 ☐☐☐ 야.

   너한테만 알려 줄게. 아무한테도 말하지 마.

정답 p. 222

아흔네 번째 위인

인종 차별 없는 세상을 꿈꾼
마틴 루터 킹

　마틴 루터 킹은 미국의 흑인 인권 운동가이자 목사예요. 당시 미국은 노예 해방이 된 지 오래였지만, 백인들은 여전히 이유 없이 흑인을 차별하고 폭력을 저질렀습니다. 심지어 **¹투표**조차 흑인들은 세금을 더 내고, 어려운 문제를 풀어 시험에 통과해야만 할 수 있었지요.

　마틴 루터 킹이 신학을 전공하고 앨라배마주의 교회에서 **²목회**를 하던 무렵, 로자 파크스가 백인에게 버스 자리 양보를 거부한 사건이 터졌습니다. 킹 목사는 '버스 안 타기 운동'을 벌이며 비폭력 저항으로 승리했고, 흑인들의 **³권리**를 찾기 위한 운동에 본격적으로 동참하게 되었어요.

　폭력은 더 큰 폭력으로 이어질 뿐이라는 신조를 지키며 킹 목사는 평화 **⁴행진**을 이어 갔습니다. 결국 미국 대통령으로부터 흑인의 투표권을 얻었고, 인권 운동의 성과를 인정받아 노벨 평화상을 수상했어요.

위인 마틴 루터 킹　　**시대** 현대
나라 미국　　**출생~사망** 1929~1968년　　**직업** 성직자

잠깐! 더 알고 가기

+ **차별 없는 사회를 위해 노력한 우리나라 위인들**

허균은 「홍길동전」을 지어 신분 차별 제도를 비판했습니다. 방정환은 모든 어린이가 자유롭고 행복하게 자라길 바라며 어린이날을 제정했어요. 나혜석은 남성 중심 사회에 반기를 든 화가입니다.

교과서 속 오늘의 낱말

1 **투표**   선거를 하거나 찬성인지 반대인지 결정할 때, 투표용지에 표시하여 일정한 곳에 내는 거예요.

2 **목회**   목사가 교회를 맡아 설교하거나 신자의 신앙생활을 지도하는 등 공식적으로 하는 활동을 가리킵니다.

3 **권리**   어떤 일을 행하거나 타인에 대하여 당연히 요구할 수 있는 힘이나 자격을 뜻해요.

4 **행진**   줄을 지어 앞으로 나아감을 뜻합니다.

 꼭 알고 가기 **마틴 루터 킹**

1. 다음 중 마틴 루터 킹이 없애기 위해 노력한 차별의 종류를 고르세요.

    ① 인종 차별

    ② 지역 차별

    ③ 성 차별

    ④ 나이 차별

2. 다음 문장에 어울리는 오늘의 낱말을 적으세요.

    우리 반을 대표할 회장 선거는 모두의 공정한 _____ 로 이루어진다.

정답 p. 222

#아흔다섯 번째 위인

세계 최초의 우주 비행사
유리 가가린

　1950년대, 미국과 ¹**소련**은 거의 모든 분야에서 서로 경쟁했습니다. 우주 연구도 ²**마찬가지**였어요. 두 나라는 상대보다 먼저 우주에 나가기 위해 엄청나게 노력했지요. 결과적으로 먼저 우주에 사람을 보낸 나라는 소련이었습니다. 그리고 그 ³**우주 비행사**는 유리 가가린이었지요.

　유리 가가린은 공업 학교에서 비행 기술을 배우고 공군 사관 학교에서 조종사의 꿈을 키웠어요. 보스토크 1호를 타고 최초로 우주 비행에 성공했고, 우주를 2시간⁴**가량** 날면서 "하늘은 검고, 지구의 둘레에는 아름다운 푸른색 빛이 비춘다."라고 말했지요. 지구의 하늘을 넘어 우주를 나는 비행사가 된 거예요.

　지구로 돌아온 가가린은 전 세계적으로 유명해졌어요. 이후 우주 비행사들을 훈련시키는 일을 했고, 소련에서 영웅으로 대접받았답니다.

위인 유리 가가린　　**시대** 현대
나라 소련　　**출생~사망** 1934~1968년　　**직업** 우주 비행사

잠깐! 더 알고 가기

+ **사실 우주에 사람보다 강아지가 먼저 갔어요.**

유리 가가린의 비행으로부터 약 3년 전, 소련은 스푸트니크 2호에 '라이카'라는 이름의 강아지를 태워 우주를 비행시켰어요. 라이카는 안타깝게도 비행 중 사망했어요.

교과서 속 오늘의 낱말

1 **소련** — 옛 제정 러시아의 대부분과 우크라이나를 비롯한 15개 공화국으로 이루어진 다민족 국가였어요. 1991년 사회주의가 붕괴되고 연방이 해체되었습니다.

2 **마찬가지** — 사물의 모양이나 일의 형편이 서로 같음을 나타냅니다.

3 **우주 비행사** — 지구 밖의 우주 공간을 비행하기 위하여 특별히 훈련된 비행사를 말합니다.

4 **가량** — 수량을 나타내는 말 뒤에 붙어서 '정도'의 뜻을 더하는 말이에요.

퀴즈! 꼭 알고 가기 유리 가가린

1. 다음 중 유리 가가린에 대해 <u>잘못된</u> 설명을 고르세요.

   ① 인류 최초의 우주 비행사예요.

   ② 공군 사관 학교에서 조종사의 꿈을 키웠어요.

   ③ 보스토크 1호를 타고 비행했어요.

   ④ 미국의 우주 비행사예요.

2. 다음 문장에 어울리는 오늘의 낱말을 적으세요.

   정상까지 겨우 10분 _____ 남았다고 하니, 마지막까지 힘을 내자고.

정답 p. 222

아흔여섯 번째 위인

최초로 달에 간 우주 비행사
닐 암스트롱

유리 가가린이 우주 비행의 막을 열자, 미국과 소련은 이제 달에 사람을 먼저 보내겠다는 경쟁에 ¹**돌입했습니다.**

인류의 달 ²**착륙**을 위한 노력은 미국에서 먼저 결실을 맺었습니다. 세 명의 우주 비행사를 태운 아폴로 11호는 달 ³**궤도**에 들어섰고, 닐 암스트롱이 먼저 나와 달에 내렸지요. 암스트롱은 달에 발을 딛으며 지구인들에게 말했어요.

"이것은 한 사람의 작은 발걸음이지만, 인류에게는 위대한 ⁴**도약**이 될 것입니다."

지구로 돌아온 아폴로 우주 비행사들은 여러 나라에서 초청을 받았고, 우리나라를 비롯해 스물한 개 나라를 방문했습니다. 달 착륙 이후, 우주 개척 분야에서 미국이 소련보다 점점 앞서가게 되었고, 인류 전체의 우주 과학이 크게 발전하는 계기가 되었답니다.

위인 닐 암스트롱 **시대** 현대
나라 미국 **출생~사망** 1930~2012년 **직업** 우주 비행사

잠깐! 더 알고 가기

+ **닐 암스트롱과 우리나라의 특별한 인연**
대학에서 항공공학을 공부하던 중 군에 입대한 암스트롱은, 한국 전쟁에 미 해군 조종사로 참전해 전쟁 동안 78차례의 전투 비행 임무를 완수한 뒤 1952년 제대했습니다. 한국 전쟁 당시 서울 수복에 큰 공을 세워 3개의 훈장을 받기도 했습니다.

교과서 속 오늘의 낱말

1 **돌입하다** 세찬 기세로 갑자기 뛰어든다는 의미예요.

2 **착륙** 비행기 등이 공중에서 활주로나 판판한 곳에 내리는 것입니다.

3 **궤도** 행성, 혜성, 인공위성 등이 중력의 영향을 받아 다른 천체의 둘레를 돌면서 그리는 곡선의 길을 뜻합니다.

4 **도약** 더 높은 단계로 발전하는 것을 비유적으로 이르는 말이에요.

 꼭 알고 가기 **닐 암스트롱**

1. 닐 암스트롱이 인류 최초로 도착한 별을 고르세요.

   ① 화성

   ② 태양

   ③ 목성

   ④ 달

2. 다음 문장에 어울리는 오늘의 낱말을 적으세요.

   심한 난기류에 흔들리면서도 비행기가 무사히 활주로에 _____ 하자 모두 안도의 한숨을 내쉬었다.

정답 p. 222

#아흔일곱 번째 위인

침팬지 연구의 세계적인 권위자
제인 구달

여러분은 과학자라고 하면 어디에서 무얼 하는 사람이 떠오르나요? 알 수 없는 ¹**기호**가 가득한 책에 파묻힌 사람? ²**천체 망원경**으로 별을 보느라 밤낮이 바뀐 사람? 알고 보면 ³**동식물**이나 자연 환경을 현장에서 연구하는 과학자들도 많답니다. 바로 동물학자인 제인 구달처럼요.

제인 구달 박사는 영국 런던에서 태어났어요. 어린 시절부터 동물에 관심이 많았다고 해요. 열 살 무렵부터 아프리카에 가서 동물들이랑 살고 싶다고 했을 정도니까요. 어른이 되어 꿈을 향해 아프리카 케냐로 간 제인 구달은, 탄자니아에서 직접 센터를 설립하고, ⁴**침팬지**에 대해 오랫동안 연구했어요.

그 결과 침팬지가 도구를 사용하고 서열을 만들어 행동한다는 점을 밝혀냈고, 침팬지의 성장과 육아 활동 등 중요한 사실들을 여럿 발견했답니다.

이후 제인 구달은 전 세계를 돌며 환경 보호와 동물 보호 활동에 힘쓰는 중이에요. 침팬지에 대한 애정을 바탕으로 각지의 동물원을 방문해 침팬지의 권익 향상을 위해 노력하고 있으며, '뿌리와 새싹'이라는 어린이 대상 환경 보호 활동을 진행하고 있습니다.

위인 제인 구달　　**시대** 현대
나라 영국　　**출생~사망** 1934~　　**직업** 과학자

잠깐! 더 알고 가기

+ 동물학이란
동물의 분류, 형태, 발생, 생태, 유전, 진화 따위를 연구하는 학문으로, 생물학의 한 분야입니다.

교과서 속 오늘의 낱말

1. **기호** 어떠한 뜻을 나타내기 위하여 쓰이는 부호, 문자, 표지 등을 통틀어 이르는 말이에요.
2. **천체 망원경** 천체를 관측할 때 쓰는 망원경을 뜻해요. 렌즈를 쓰는 굴절 망원경, 거울을 쓰는 반사 망원경, 전파를 포착하는 전파 망원경 등이 있습니다.
3. **동식물** 동물과 식물을 아울러 가리키는 말입니다.
4. **침팬지** 지능이 발달하였고 무리를 지어 살며 아프리카 대륙에 분포하는 포유동물입니다. 털은 검은 갈색에 얼굴은 연한 갈색 또는 검은색이며, 귀가 크고 코가 작으며 꼬리는 없어요.

퀴즈! 꼭 알고 가기 — 제인 구달

1. 다음 중 제인 구달이 연구한 동물을 고르세요.
   ① 오랑우탄
   ② 고릴라
   ③ 개코원숭이
   ④ 침팬지

2. 다음 문장에 어울리는 오늘의 낱말을 적으세요.

   자연사 박물관에 가면 옛날 _____ 과 관련된 자료를 볼 수 있어 재미있다.

정답 p. 222

 #아흔여덟 번째 위인

많은 사람들에게 쉽게 천문학을 알리고자 한
칼 세이건

여러분은 ¹**외계인**이 있다고 생각하나요? 과학자 중 지적인 외계 문명에 큰 관심을 갖고, 과학적 상상력을 많은 사람들에게 전파한 인물이 있어요. 바로 천문학자 칼 세이건입니다.

칼 세이건은 천문학과 ²**천체 물리학**을 공부하고 미국의 여러 대학교에서 강의했어요. 태양계를 연구하는 전문 잡지의 편집장으로 일하기도 했지요. 미국 항공 우주국에서는 우주에 관한 연구에 투입되어 행성 탐사 계획에 참여했습니다. 우주 생명체와 소통을 시도하기도 했고요.

글쓰기와 강연에도 무척 뛰어나, 일반 대중들을 대상으로 과학 다큐멘터리를 제작하고, 이해하기 쉽게 「코스모스」라는 책으로 출판했습니다. 이 책은 오늘날까지 전 세계적인 ³**스테디셀러**로 남아 있지요.

또한 세상을 떠나기 직전까지 특별 강의를 열어, ⁴**비판적** 사고를 주제로 한 수업을 했습니다.

위인 칼 세이건　　　**시대** 현대
나라 미국　　　**출생~사망** 1934~1996년　　**직업** 과학자

잠깐! 더 알고 가기

+ **미국 항공 우주국**
미국에서 1958년에 우주 개발 계획을 추진하기 위해 설립한 정부 기관으로, 여러 시설과 연구 개발 기관이 있습니다.

교과서 속 오늘의 낱말

1 **외계인** 　공상 과학 소설 등에서 지구 이외의 천체에 존재한다고 생각되는 지적인 생명체를 의미합니다.

2 **천체 물리학** 　천문학의 한 분야로, 천체의 생성과 진화에 관련된 물리적 성질을 연구합니다.

3 **스테디셀러** 　오랜 기간에 걸쳐 꾸준히 잘 팔리는 책을 뜻해요.

4 **비판적** 　현상이나 사물의 옳고 그름을 판단해 밝히거나, 잘못된 점을 지적하는 거예요.

 꼭 알고 가기 **칼 세이건**

1. 다음 중 칼 세이건의 과학 다큐멘터리이자 책 제목을 고르세요.

   ① 「아네모네」

   ② 「코스모스」

   ③ 「히아신스」

   ④ 「아이리스」

2. 다음 문장에 어울리는 오늘의 낱말을 적으세요.

   이 책은 출간 이후로 지금까지 많은 사람들이 꾸준히 찾는 　　　　　　　　이다.

정답 p. 222

아흔아홉 번째 위인

남다른 상상력을 펼쳐 보인
영화감독 **스티븐 스필버그**

여러분은 영화 보는 걸 좋아하나요? 스마트폰이나 태블릿 PC로 간편하게 영상을 볼 수도 있지만, 커다란 화면과 ¹**풍성한** 소리로 꽉 찬 극장에서 영화를 보면 좀 더 특별한 느낌이에요.

많은 영화감독 중 상상력과 창의력 면에서 손꼽히는 스티븐 스필버그는 수많은 ²**흥행작**을 만들었습니다.

미국 오하이오주의 유대계 가정에서 태어난 스필버그는 어릴 때부터 엉뚱한 생각을 잘하고, 황당한 질문도 많이 했어요. 영화에 관심이 많아 10대 때부터 ³**단편 영화**를 찍었던 스필버그는, 대학을 졸업하고 처음에는 텔레비전에 방영하는 영화감독으로 일을 했어요. 인기를 얻자 극장용 영화에 진출한 스필버그는 「조스」, 「쥬라기 공원」, 「E.T.」 등의 영화로 세계적인 성공을 거뒀습니다. ⁴**강제 수용소**에서 유대인을 구하는 내용의 「쉰들러 리스트」로 작품성 또한 인정받았지요.

위인 스티븐 스필버그　　**시대** 현대
나라 미국　　**출생~사망** 1946~　　**직업** 영화감독

잠깐! 더 알고 가기

+ **영화감독이 하는 일**

  작품을 분석해서 촬영 계획을 세우고, 영화의 촬영을 진두지휘하며, 배우의 연기와 제작진의 업무도 관리합니다.

+ **영화감독이 되려면**

  영화감독이 되기 위한 전문적인 교육을 받을 수 있으며, 공모전에 당선되거나 실습을 통해 감독으로 데뷔하기도 해요.

교과서 속 오늘의 낱말

1 **풍성하다**   넉넉하고 많다는 뜻이에요.

2 **흥행작**   흥행에 성공한 연극이나 영화의 작품이에요.

3 **단편 영화**   상영 시간이 40~50분 이하인 짧은 영화를 말합니다.

4 **강제 수용소**   정치적 반대파를 대량으로 수용하거나 전시 중 외국인을 가둬 놓기 위해 차려 놓은 수용소예요. 나치스 독일의 강제 수용소, 스탈린 시대 소련의 라게리 수용소 등이 잘 알려져 있습니다.

퀴즈! 꼭 알고 가기 — 스티븐 스필버그

1. 다음 중 스티븐 스필버그의 작품이 아닌 영화를 고르세요.

① 「E.T.」

② 「쉰들러 리스트」

③ 「겨울왕국」

④ 「쥐라기 공원」

2. 다음 문장에 어울리는 오늘의 낱말을 적으세요.

아우슈비츠는 나치 독일이 유대인들을 가스실에서 대량 학살한 ▮▮▮▮▮▮이다.

정답 p. 222

#백 번째 위인

혁신의 상징으로 꼽히는 애플의 창업자
스티브 잡스

　애플 회사를 만든 스티브 잡스는 미국 샌프란시스코에서 태어났어요. ¹**학교생활**은 좋아하지 않았고, 전자 제품에 관심이 많은 소년으로 자랐습니다. 철학을 전공했지만 중퇴한 뒤 사과 농장에서 일하고, 인도를 여행하기도 했어요. 게임 회사에 입사했다가, 1976년 스티브 워즈니악과 함께 애플 회사를 설립했어요. 이후 매킨토시 컴퓨터로 엄청난 성공을 거뒀고, 애플은 큰 회사로 성장했습니다.

　애플 회사에서 물러났다가 10여 년 만에 ²**복귀한** 이후에는 일체형 컴퓨터 아이맥을 발표해 성공시켰고, 아이폰과 아이패드를 내놓아 전 세계에서 많은 사람들이 ³**스마트폰**과 태블릿 PC를 사용하게 되었습니다.

　우리는 새로운 기술과 발전된 기계가 생활을 편리하게 만들어 준다는 것을 알지요. 그렇다면 사람들의 ⁴**선호**와 취향까지 고려한 기술과 기계는 어떨까요? 우리의 생활과 사회 전반을 바꿀 정도의 영향을 끼치지요. 바로 스티브 잡스의 제품들이 그랬듯이요.

위인 스티브 잡스　　**시대** 현대
나라 미국　　**출생~사망** 1955~2011년　　**직업** 기업가

잠깐! 더 알고 가기

+ **스티브 잡스는 애플 회사 말고도**
애니메이션 제작사를 창업해 운영하기도 했습니다. 세계 최초의 3D 애니메이션 회사인 픽사는 스티브 잡스가 애플에서 물러나 있던 동안 설립한 기업이에요.

교과서 속 오늘의 낱말

1 **학교생활** 학생으로서 학교에 학적을 두고 지내는 생활을 가리켜요.

2 **복귀하다** 본디의 자리나 상태로 되돌아간다는 뜻이에요.

3 **스마트폰** 휴대 전화에 여러 컴퓨터 지원 기능을 추가한 지능형 단말기를 말합니다.

4 **선호** 여럿 가운데서 특별히 가려서 좋아함을 말합니다.

 꼭 알고 가기 **스티브 잡스**

1. 다음 중 스티브 잡스가 내놓은 제품이 아닌 것을 고르세요.

   ① 마이크로소프트 윈도우
   ② 아이폰
   ③ 아이패드
   ④ 매킨토시 컴퓨터

2. 다음 문장에 어울리는 오늘의 낱말을 적으세요.

   건강에 관심이 높아지면서, 점점 많은 사람들이 유기농 무공해 식품을 _____ 한다.

정답 p. 222

퀴즈! 꼭 알고 가기 정답

1 p. 11
아르키메데스
1. ③
2. 환호성

2 p. 13
알렉산드로스 대왕
1. ②
2. 융화

3 p. 15
석가모니
1. ①
2. 국경

4 p. 17
공자
1. ③
2. 기반

5 p. 19
맹자
1. ②
2. 근거

6 p. 21
노자와 장자
1. ④
2. 인위적

7 p. 23
진시황
1. ③
2. 도량형

8 p. 25
소크라테스
1. ②
2. 골똘히

9 p. 27
플라톤
1. ④
2. 다방면

10 p. 29
아리스토텔레스
1. ②
2. 가업

11 p. 31
카이사르
1. ③
2. 참정권

12 p. 33
예수 그리스도
1. ①
2. 기독교

13 p. 35
채륜
1. ③
2. 나침반

14 p. 37
마르쿠스 아우렐리우스
1. ③
2. 전성기

15 p. 39
콘스탄티누스 대제
1. ④
2. 통치

16 p. 41
유스티니아누스 1세
1. ③
2. 집대성

17 p. 43
마호메트
1. ①
2. 사찰

18 p. 45
당태종
1. ③
2. 고구려

19 p. 47
측천무후
1. ③
2. 폐위

20 p. 49
카롤루스 대제
1. ②
2. 교황

퀴즈! 꼭 알고 가기 **정답**

21 p. 53
왕안석
1. ③
2. 문필가

22 p. 55
칭기즈 칸
1. ③
2. 고비

23 p. 57
토마스 아퀴나스
1. ②
2. 설득

24 p. 59
마르코 폴로
1. ③
2. 견문

25 p. 61
주원장
1. ①
2. 설상가상

26 p. 63
잔 다르크
1. ④
2. 갑옷

27 p. 65
콜럼버스
1. ③
2. 식민지

28 p. 67
레오나르도 다빈치
1. ③
2. 허드렛일

29 p. 69
미켈란젤로
1. ②
2. 걸작

30 p. 71
마젤란
1. ④
2. 너도나도

31 p. 73
마르틴 루터
1. ③
2. 개신교

32 p. 75
술레이만 1세
1. ②
2. 공예

33 p. 77
펠리페 2세
1. ③
2. 고스란히

34 p. 79
엘리자베스 1세
1. ④
2. 화폐

35 p. 81
마테오 리치
1. ①
2. 박학다식

36 p. 83
셰익스피어
1. ③
2. 마구간

37 p. 85
갈릴레이
1. ③
2. 관성의 법칙

38 p. 87
홉스
1. ②
2. 야생

39 p. 89
샤자한
1. ②
2. 재위

40 p. 91
루이 14세
1. ④
2. 피신

퀴즈! 꼭 알고 가기 정답

41 p. 95
뉴턴
1. ③
2. 데굴데굴

42 p. 97
강희제
1. ①
2. 범람

43 p. 99
표트르 대제
1. ②
2. 호시탐탐

44 p. 101
바흐
1. ③
2. 오르간

45 p. 103
볼테르
1. ③
2. 특권층

46 p. 105
루소
1. ③
2. 자서전

47 p. 107
애덤 스미스
1. ④
2. 가지각색

48 p. 109
조지 워싱턴
1. ②
2. 증조할아버지

49 p. 113
제임스 와트
1. ④
2. 손수

50 p. 115
괴테
1. ②
2. 토대

51 p. 117
모차르트
1. ②
2. 실력

52 p. 119
나폴레옹
1. ④
2. 유배지

53 p. 121
베토벤
1. ③
2. 피아니스트

54 p. 123
슈베르트
1. ①
2. 가곡

55 p. 125
빅토르 위고
1. ③
2. 분위기

56 p. 127
안데르센
1. ③
2. 충고

57 p. 129
링컨
1. ①
2. 연설

58 p. 131
다윈
1. ②
2. 부리

59 p. 133
쇼팽
1. ③
2. 고이

60 p. 135
비스마르크
1. ④
2. 재상

퀴즈! 꼭 알고 가기 정답

61 p. 137 **톨스토이**
1. ④
2. 권리

62 p. 139 **마르크스**
1. ②
2. 대부분

63 p. 141 **도스토옙스키**
1. ④
2. 잡지

64 p. 143 **파스퇴르**
1. ②
2. 미생물

65 p. 145 **노벨**
1. ①
2. 손재주

66 p. 147 **카네기**
1. ④
2. 은퇴

67 p. 149 **모네**
1. ③
2. 시시각각

68 p. 151 **차이콥스키**
1. ②
2. 발레

69 p. 153 **카를 벤츠**
1. ④
2. 거침없이

70 p. 155 **에디슨**
1. ②
2. 영감

71 p. 157 **가우디**
1. ④
2. 잔병치레

72 p. 159 **고흐**
1. ④
2. 스트레스

73 p. 163 **프로이트**
1. ④
2. 소수 민족

74 p. 165 **쑨원**
1. ①
2. 공화국

75 p. 167 **마리 퀴리**
1. ②
2. 공동

76 p. 169 **간디**
1. ③
2. 변호사

77 p. 171 **레닌**
1. ②
2. 존경

78 p. 173 **히구치 이치요**
1. ③
2. 억압

79 p. 175 **처칠**
1. ①
2. 사관 학교

80 p. 177 **슈바이처**
1. ④
2. 간호사

221

퀴즈! 꼭 알고 가기 정답

81 p.179
노구치 히데요
1. ①
2. 화상

82 p.181
아인슈타인
1. ③
2. 잡념

83 p.183
헬렌 켈러
1. ④
2. 인권

84 p.185
케말 파샤
1. ③
2. 패전국

85 p.187
피카소
1. ①
2. 괴상망측

86 p.189
호찌민
1. ③
2. 임시 정부

87 p.191
드골
1. ③
2. 조국

88 p.193
루스벨트
1. ④
2. 독재

89 p.195
덩샤오핑
1. ④
2. 발판

90 p.197
만델라
1. ③
2. 무기

91 p.199
체 게바라
1. ②
2. 이인자

92 p.201
앤디 워홀
1. ④
2. 전시

93 p.203
안네 프랑크
1. ④
2. 은신처

94 p.205
마틴 루터 킹
1. ①
2. 투표

95 p.207
유리 가가린
1. ④
2. 가량

96 p.209
닐 암스트롱
1. ④
2. 착륙

97 p.211
제인 구달
1. ④
2. 동식물

98 p.213
칼 세이건
1. ②
2. 스테디셀러

99 p.215
스티븐 스필버그
1. ③
2. 강제 수용소

100 p.217
스티브 잡스
1. ①
2. 선호

찾아보기

71	가우디	156
76	간디	168
37	갈릴레이	84
42	강희제	96
72	고흐	158
4	공자	16
50	괴테	114
52	나폴레옹	118
81	노구치 히데요	178
65	노벨	144
6	노자	20
41	뉴턴	94
96	닐 암스트롱	208
58	다윈	130
18	당태종	44
89	덩샤오핑	194
63	도스토옙스키	140
87	드골	190
77	레닌	170
28	레오나르도 다빈치	66
46	루소	104
88	루스벨트	192
40	루이 14세	90
57	링컨	128
24	마르코 폴로	58
14	마르쿠스 아우렐리우스	36
62	마르크스	138
31	마르틴 루터	72
75	마리 퀴리	166
30	마젤란	70
35	마테오 리치	80
94	마틴 루터 킹	204
17	마호메트	42
90	만델라	196

5	맹자	18
67	모네	148
51	모차르트	116
29	미켈란젤로	68
44	바흐	100
53	베토벤	120
45	볼테르	102
60	비스마르크	134
55	빅토르 위고	124
39	샤자한	88
3	석가모니	14
36	셰익스피어	82
8	소크라테스	24
59	쇼팽	132
32	술레이만 1세	74
80	슈바이처	176
54	슈베르트	122
100	스티브 잡스	216
99	스티븐 스필버그	214
74	쑨원	164
1	아르키메데스	10
10	아리스토텔레스	28
82	아인슈타인	180
93	안네 프랑크	202
56	안데르센	126
2	알렉산드로스 대왕	12
47	애덤 스미스	106
92	앤디 워홀	200
70	에디슨	154
34	엘리자베스 1세	78
12	예수 그리스도	32
21	왕안석	52
95	유리 가가린	206
16	유스티니아누스 1세	40

26	잔 다르크	62
6	장자	20
97	제인 구달	210
49	제임스 와트	112
48	조지 워싱턴	108
25	주원장	60
7	진시황	22
68	차이콥스키	150
13	채륜	34
79	처칠	174
91	체 게바라	198
19	측천무후	46
22	칭기즈 칸	54
66	카네기	146
20	카롤루스 대제	48
69	카를 벤츠	152
11	카이사르	30
98	칼 세이건	212
84	케말 파샤	184
15	콘스탄티누스 대제	38
27	콜럼버스	64
23	토마스 아퀴나스	56
61	톨스토이	136
64	파스퇴르	142
33	펠리페 2세	76
43	표트르 대제	98
73	프로이트	162
9	플라톤	26
85	피카소	186
83	헬렌 켈러	182
86	호찌민	188
38	홉스	86
78	히구치 이치요	172

  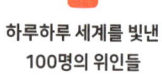 하루하루 세계를 빛낸
100명의 위인들

하루하루
세계를 빛낸 100명의 위인들

초판 2쇄 **발행**   2025년 8월 1일
초판 1쇄 **발행**   2025년 3월 20일

지은이	책봄
그림	박윤희
감수	김현정
기획	김은경
편집	이지영
디자인	IndigoBlue
성우	손효경
영상	브릿지코드
발행인	조경아
총괄	강신갑
발행처	**랭**귀지**북**스
주소	서울시 마포구 포은로2나길 31 벨라비스타 208호
등록번호	101-90-85278 **등록일자** 2008년 7월 10일
전화	02.406.0047 **팩스** 02.406.0042
이메일	languagebooks@hanmail.net
ISBN	979-11-5635-243-3 (73900)
값	15,000원

ⓒLanguagebooks, 2025

이 책은 저작권법에 따라 보호받는 저작물이므로 무단 전재와 무단 복제를 금지하며,
이 책 내용의 전부 또는 일부를 이용하려면 반드시 저작권자와 **랭**귀지**북**스의 서면 동의를 받아야 합니다.
잘못된 책은 구입처에서 바꿔 드립니다.